Das große Forscherbuch für Grundschulkinder

Spannende Experimente zum Entdecken und Verstehen der Naturwissenschaften

Dieses Buch entstand in Zusammenarbeit mit Science-Lab, Feldafing. Science-Lab ist eine Bildungseinrichtung, die auf die altersgerechte, moderne Vermittlung naturwissenschaftlicher Inhalte in Kindergarten- und Grundschulalter spezialisiert ist.

www.science-lab.de

Heike Schettler

Das große Forscherbuch für Grundschulkinder

Spannende Experimente zum Entdecken und Verstehen der Naturwissenschaften

Arena

Inhalt

Liebe Eltern, Lehrer und erwachsene „Mitforscher"!

„Duuu, wie kommt eigentlich der Strom in die Steckdose?" Solche und ähnliche Kinderfragen haben Sie sicher auch schon in Verlegenheit gebracht, oder? Oft wissen wir selbst die Antworten nicht so genau. Wir nehmen viele Naturphänomene als gegeben hin und hinterfragen sie nicht mehr. Kinder bringen uns dazu, die Welt noch einmal mit neuen Augen anzusehen. Sie wollen alles wissen.

Als Begleiter des sicher kaum zu bändigenden Forscherdrangs Ihres Kindes sind Sie gefordert. Kinder im großen „Warum-Alter" sind von sich aus motiviert, zu lernen und Zusammenhänge zu entdecken. Dabei ist ganz wichtig: Kinder wollen sich ihre Welt **selbst** erschließen!

Es kann also nicht das Ziel sein, ihnen unser Erwachsenenwissen zu vermitteln oder gar überzustülpen. (Selbst wenn Sie die Antworten kennen.) Vielmehr sollten Sie sehr aufmerksam hinhören, was Ihr Kind gerade beschäftigt. **Denn nur wenn neue Beobachtungen und Erkenntnisse mit bestehendem Wissen verknüpft werden können, verstehen wir sie wirklich und sie werden nachhaltig „abgespeichert".** Das gilt für Kinder wie für Erwachsene.

Was heißt das nun konkret?

Gehen Sie von sich selbst aus. Interessant sind Themen, mit denen man sich identifizieren kann. Greifen Sie also Fragen auf, die

Ihr Kind stellt. Oder bieten Sie selbst Fragen aus Alltagsbeobachtungen an. Kinder im Grundschulalter wollen Zusammenhänge verstehen und stellen oft auch schon kritische Nachfragen. Greifen Sie diese Fragen auf, aber beantworten Sie sie nicht! Geben Sie Ihrem Kind Raum und vor allem Zeit, seine eigenen Ideen und Gedanken zu formulieren. Es ist wirklich verblüffend, mit wie vielen guten Hypothesen die Kinder aufwarten.

Danach ist der Zeitpunkt, gemeinsam zu prüfen, ob die gesammelten Ideen uns weiterhelfen.

Verstehen Sie dieses Buch als Anregung, als Impuls und nicht als Lehrbuch. Sie finden auf den folgenden Seiten Themen und Fragen, die für die jeweilige Altersgruppe typisch und wichtig sind. Die Altersangaben oben links auf den Seiten helfen Ihnen bei der Einordnung. Die Experimente, Spiele und Geschichten sind Möglichkeiten, das gemeinsame Forschen zu bereichern und aus verschiedenen Perspektiven zu beleuchten. Besonders die Geschichten regen Kinder auf einer eher emotionalen Ebene dazu an, über Naturphänomene und die Menschen, die sie erforscht haben, nachzudenken. Denn: Viele Wege führen nach Rom und viele Zugänge schaffen die ganz persönliche Verbindung zum Vorwissen und den ganz individuellen Weg, Wissen zu erwerben und zu vertiefen.

Die Versuche sollte Ihr Kind natürlich unbedingt selbst durchführen.

Das, was Sie als Erläuterungen unter der Rubrik „Für Eltern“ finden, ist wirklich für Sie als Erwachsene gedacht. Es muss den Kindern nicht vermittelt werden. Für die Kinder genügt oft die bewusste Beobachtung und eine erste, vorsichtige Annäherung an die Zusammenhänge. **Dabei ist weniger mehr!** Lassen Sie sich und Ihrem Kind die Zeit, wirklich genau zu beobachten, zu hinterfragen und zu begreifen. Es braucht Zeit, die Eindrücke zu verdauen und mit anderen Eindrücken zu vergleichen und zu vernetzen.

Wenn Sie erst einmal mit der gemeinsamen Forscherreise begonnen haben, sind der Fantasie keine Grenzen gesteckt. Sie werden immer mehr Fragen und Wege zum Forschen finden und jeden Tag etwas Neues entdecken.

Wir wünschen viel Spaß dabei!

Hallo!

Bist du auch neugierig? Willst du immer ganz viel wissen? Dann bist du bestimmt ein Forscher – so wie ich. Wollen wir gemeinsam forschen? Dann mal los! Damit da nichts passiert, muss man sich beim Forschen an ein paar Regeln halten.

Forscherregeln
für große und kleine Forscher

1.

Beim Experimentieren nichts essen.

2.

Beim Experimentieren nichts trinken.

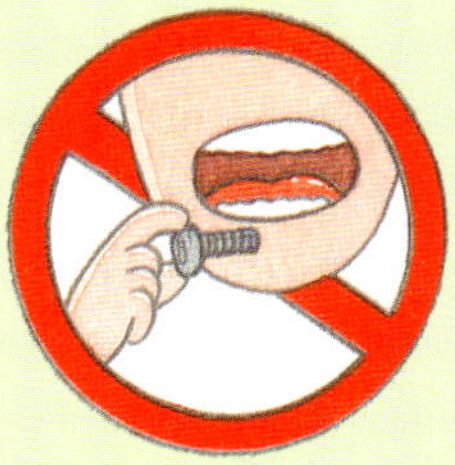

3.

Nichts in den Mund nehmen.

4.

Nur experimentieren, wenn ein Erwachsener dabei ist.

(Dieses Symbol findet sich im Buch bei Versuchen, die ein Erwachsener beaufsichtigen sollte.)

5.

Bei Experimenten Strom nur von Batterien benutzen – nie aus der Steckdose.

6.

Mit Magneten nie in die Nähe von Computern, EC-Karten und anderen Gegenständen mit Magnetstreifen kommen.

Wasser

Warum schmilzt der Schnee im Frühling?

Wasser kommt auf der Erde in verschiedenen Formen vor: Als flüssiges Wasser in Bächen, Flüssen und Seen, im Winter als Eis und Schnee, aber auch als Wasserdampf, der beim Kochen oder nach einem Regenguss im Sommer aufsteigt.

Versuch

Verschiedene Formen von Wasser

Das brauchst du:

- Kochtopf und einen Herd
- Etwas Schnee oder einige Eiswürfel
- Esslöffel aus Metall

Erwärme den Kochtopf auf dem Herd und gib den Schnee oder die Eiswürfel hinein. Was kannst du beobachten?

Genau! Der Schnee oder das Eis **schmelzen** und werden zu Wasser.
Und was passiert, wenn du das Wasser weiter erhitzt? Es steigt Dampf auf, das Wasser ist also **verdampft.**
Halte nun vorsichtig den Löffel in den aufsteigenden Dampf. Der Dampf schlägt sich am Löffel nieder. Wenn du den Löffel lange genug in den Dampf hältst, läuft Wasser daran zusammen und tropft wie Regenwasser herunter.
Der Dampf hat sich also wieder zu Wasser gewandelt, er ist **kondensiert.**

Zum Staunen

Was ist Nebel?

Nebel entsteht in kalter Luft und besteht aus vielen kleinen Wassertröpfchen, die so klein und leicht sind, dass sie in der Luft schweben. Es sind eigentlich Wolken, die bis zum Boden reichen. In unserer Luft ist immer Wasser enthalten, man nennt das Luftfeuchtigkeit. Je wärmer die Luft ist, desto mehr Wasser kann sie aufnehmen. Kühlt warme Luft ab, kann sie nicht mehr so viel Wasser halten und es entstehen kleine Nebeltröpfchen.

Wasser gibt es in Form von Schnee, Eis und flüssigem Wasser. Wasser kann aber auch als Dampf auftreten. Wasserdampf kann man nicht greifen oder riechen. Aber du hast ihn bestimmt schon gesehen, wenn in der Küche Wasser gekocht hat.

Die verschiedenen Formen von Wasser kannst du ineinander umwandeln, wenn du Wasser erwärmst oder abkühlst.

Ein Eiswürfel in einem Getränk ist also nichts anderes als gefrorenes Wasser. Wenn er lange genug darin liegt, dann schmilzt er und wird – Wasser.

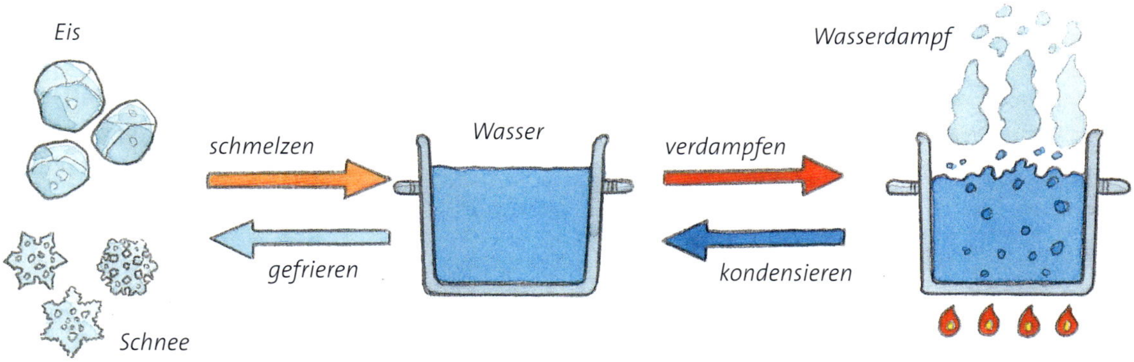

Warum friert der See von oben nach unten zu?

Warst du schon einmal auf einem zugefrorenen See oder Teich Schlittschuh laufen? Dann hast du dich bestimmt gefragt, wo die Fische sind. Seen und Teiche frieren immer von oben nach unten zu und die Fische können im Wasser darunter überleben.

Versuch

Wasserberge auf dem Becher

Das brauchst du:

- Gefrierfach im Kühlschrank oder im Tiefkühlschrank
- Kaltes Wasser
- Leere, saubere Joghurtbecher

Fülle die Joghurtbecher randvoll mit kaltem Wasser und stelle sie vorsichtig ins Tiefkühlfach. Lasse die Becher mindestens eine Nacht im Tiefkühlschrank stehen. Was fällt dir auf, wenn du die Becher wieder herausholst?
Das Eis hat einen Berg auf dem Joghurtbecher gebildet. Wie ist der entstanden?

Wasser besteht aus vielen kleinen Wasserteilchen. Diese kleinen Wasserteilchen kann man sich vorstellen wie mit einem Bauch und zwei Armen. Solange das Wasser flüssig ist, können sie gut aneinander vorbeigleiten. Wenn es kälter wird, können sich die Wasserteilchen nicht mehr so gut bewegen. Sie bleiben auf der Stelle stehen und ihre Arme werden starr und steif. Die Wasserteilchen können einander nicht mehr so nahe kommen wie im flüssigen Zustand. Deshalb braucht gefrorenes Wasser mehr Platz als flüssiges.

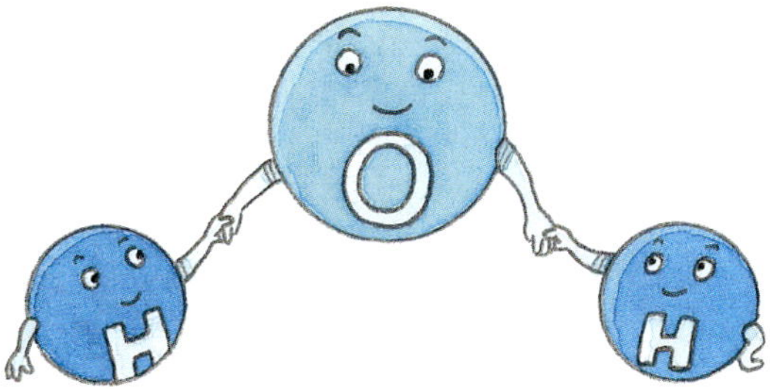

Für Eltern

Anomalie des Wassers

Wasser ist der einzige Stoff, der sich beim Abkühlen ausdehnt. Deshalb wird dieses Verhalten auch Anomalie des Wassers genannt. Bei 4 °C sind die Wasserteilchen am engsten (dichtesten). Wenn man es weiter abkühlt, entstehen zwischen den Wasserteilchen sogenannte Wasserstoffbrückenbindungen, die den Abstand zwischen den einzelnen Teilchen vergrößern. Deshalb brauchen Eiswürfel mehr Platz als die gleiche Menge Wasser. Die Teilchen aller anderen Stoffe rücken beim Abkühlen enger zusammen, sodass sich der Stoff zusammenzieht. Das sieht man z. B. beim Kerzengießen, wenn in der Mitte eine Vertiefung entsteht.

Wasserleitungen, die draußen an der Hauswand oder im Garten verlaufen, muss man im Winter leeren und abdrehen. Bei Frost würde das Wasser in der Leitung gefrieren und das Eis könnte die Leitungen platzen lassen.

Wenn im Frühling das Wasser taut, würde es aus den geplatzten Leitungen austreten und für eine Überschwemmung sorgen.

Auch Getränkeflaschen darf man nicht im Gefrierschrank vergessen: Wenn sich die Flüssigkeit darin ausdehnt, können sie platzen!

Auf den Straßen kann gefrierendes Wasser im Winter ein Problem sein, wenn es in den Straßenbelag eindringt. Wenn es darin gefriert, bricht der Beton auf und es entstehen Risse und Schlaglöcher. Ist die Oberfläche einmal beschädigt, kann in jedem Winter das Wasser leichter eindringen und die Schäden werden von Jahr zu Jahr schlimmer.

Warum schwimmen Eisberge im Wasser oben?

Hast du an einem heißen Sommertag schon einmal Eiswürfel in deinen Saft gegeben? Dann ist dir sicher aufgefallen, dass diese immer oben schwimmen. Auch die Eisberge im Meer schwimmen oben.

Versuch

Eisberge schwimmen lassen

Das brauchst du:

- Schüssel
- Zwei leere Joghurtbecher
- Einige Eiswürfel
- Kaltes Wasser
- Gefrierfach im Kühlschrank oder Tiefkühlschrank

Fülle die Schüssel etwa halb voll mit Wasser und lasse die Eiswürfel ins Wasser gleiten. Wo sind die Eiswürfel?
Sie schwimmen auf dem Wasser.

Was passiert?
Wenn Wasser gefriert, wird daraus nicht **mehr** Wasser oder Eis. Das Eis braucht nur mehr Platz als vorher. Denn die Arme der

Wasserteilchen werden bei Kälte starr und halten die anderen Wasserteilchen in einem größeren Abstand als vorher.

Vergleiche nun zwei Becher, die beide bis an den Rand mit Wasser gefüllt sind. Einen lässt du stehen, den anderen stellst du ins Gefrierfach. Das Eis wird beim Gefrieren wieder einen Berg bilden.

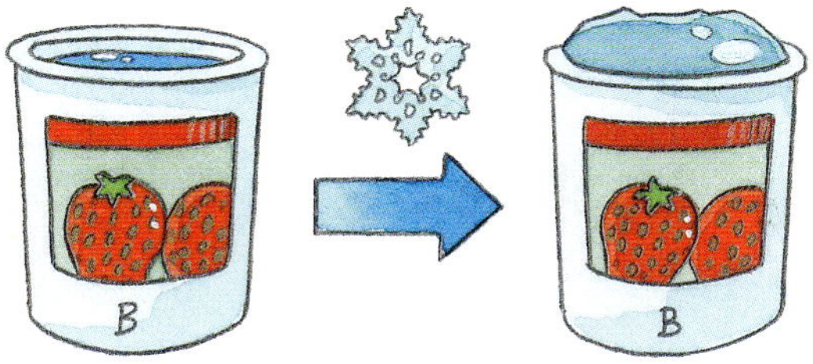

Schneide das über den Becher stehende Eis ab. Welcher Becher ist nun leichter? Richtig! Der Becher mit dem Eis. Das überstehende Eis wurde ja entfernt, sodass jetzt im Becher weniger Eis ist als vorher Wasser war.
Eis ist also leichter als Wasser und schwimmt deshalb immer oben.

Weil Eis oben schwimmt, frieren Seen und Teiche immer von oben nach unten zu.
Die Fische leben im Winter dann unter der Eisschicht.

Zum Staunen

Wie groß sind Eisberge?

Eisberge schwimmen im Ozean oben auf dem Wasser. Sehen kann man nur einen kleinen Teil von ihnen, der größte Teil befindet sich unter Wasser.
Wenn man sich einen Eisberg in zehn Teile geteilt vorstellt, dann ragt nur ein Teil aus dem Wasser heraus, neun Teile sind unter Wasser. Deshalb sind Eisberge sehr gefährlich für Schiffe. Vom Schiff aus sieht man nur den oberen Teil des Eisberges.
Der untere Teil kann aber den Bauch des Schiffes beschädigen und das Schiff kann sinken, wie es bei der Titanic geschah.

Schiffe, die in der Nähe des Nord- oder Südpols fahren, passen genau auf, ob Eisberge auf ihrer Route schwimmen. Weil man nur einen kleinen Teil der Eisberge über dem Wasser sieht, müssen sie diesen in einem großem Bogen ausweichen.

Der Untergang der Titanic

Der wohl berühmteste Zusammenstoß eines Schiffes mit einem Eisberg war der Untergang der Titanic vor fast genau 100 Jahren. Die Titanic war ein nagelneues Schiff, das im Frühling 1912 zu ihrer ersten Fahrt über den Atlantischen Ozean von Europa nach Amerika aufbrach. Es war eines der luxuriösesten Schiffe in dieser Zeit. Es gab Tanzsäle und Restaurants, ein Schwimmbad, eine Turnhalle, zwei Bibliotheken und natürlich teure Möbel. Aber nicht nur reiche Menschen fuhren auf der Titanic. In den einfachen Kabinen im Bauch des Schiffes gab es viele arme Menschen, die nach Amerika auswandern wollten, um dort zu arbeiten und ein besseres Leben anzufangen.

Schon vier Tage war die Titanic unterwegs und nur noch drei Tage waren es, bis das Schiff in New York ankommen sollte. Die Menschen freuten sich schon, bald die Freiheitsstatue sehen zu können, und feierten bis tief in die Nacht.

Dann plötzlich, es war schon fast Mitternacht, läutete dreimal die Alarmglocke und fast gleichzeitig begann das Schiff, eine Kurve zu fahren. Die Musik und die Gespräche verstummten und fassungslos sahen die Menschen zu, wie das Schiff an einem riesigen Eisberg entlangschrammte. Der obere Teil des Eisbergs fuhr ganz nah am Schiff vorbei, die Passagiere hätten ihn berühren können. Der untere Teil aber drückte mit gewaltiger Kraft auf die rechte Seitenwand des Schiffes. Dabei wurde sie eingedrückt und die Verbindungen zwischen den ersten sechs Schiffssektoren platzten auf. Dadurch konnte Wasser in alle diese sechs Sektoren eindringen und das Schiff neigte sich langsam nach vorn.

Jetzt ging alles sehr schnell. Der Kapitän gab den Befehl, die Schwimmwesten anzulegen und zu den Rettungsbooten zu gehen. Einige Passagiere dachten, dass es schon nicht so schlimm werden würde, aber viele gerieten in Panik. Die Passagiere wussten nicht, was der Kapitän wusste: Die Titanic hatte nicht genug Rettungsboote dabei, damit alle Passagiere gerettet werden konnten. Deshalb gab er den Befehl „Frauen und Kinder zuerst!“. Doch einige Schiffsoffiziere dachten, sie durften nur Frauen und Kinder in die Rettungsboote lassen und gar keine Männer, auch wenn die Rettungsboote noch nicht voll besetzt waren.

Deshalb waren viele Rettungsboote nur zur Hälfte gefüllt, obwohl noch viele Menschen, vor allem Männer, an Board der Titanic waren. Inzwischen hatte sich die Titanic schon so weit nach vorne geneigt, dass über offene Bullaugen und Ladeluken immer mehr Wasser eindrang. Dadurch sank die Titanic vorne immer schneller und der hintere Teil wurde in die Luft gehoben. Da die Titanic ein großes und schweres Schiff war, brach sie kurz darauf in der Mitte auseinander. Zwei Stunden nach der Kollision mit dem Eisberg ging die Titanic vollständig unter. Den Menschen auf dem Schiff blieb nur der Sprung ins eiskalte Wasser. Dort erfroren die meisten allerdings sehr schnell.

Etwa zwei Stunden später trafen andere Schiffe zur Rettung ein. Sie konnten 706 Passagiere der Titanic retten, 1.517 Menschen verloren ihr Leben, die meisten davon waren Männer, aber auch 52 Kinder.

Warum steigt der Meeresspiegel an?

Bestimmt hast du schon einmal mit deinen Eltern in der Badewanne gebadet. Was ist mit der Wasserhöhe passiert, wenn du zuerst in der Wanne warst und Mama oder Papa sind dazugekommen?

Versuch

Ansteigender Meeresspiegel

Das brauchst du:

- Zwei Gläser
- Zwölf Eiswürfel
- Trichter
- Kaltes Wasser
- Filzstift (nicht wasserlöslich)

Fülle beide Gläser halb voll mit Wasser und gib in ein Glas sechs Eiswürfel zum Wasser. Lege den Trichter auf das andere Glas und gib sechs Eiswürfel in den Trichter. Markiere nun mit einem Stift außen an den Gläsern, wie hoch das Wasser steht. Lasse beide Gläser eine Stunde stehen.

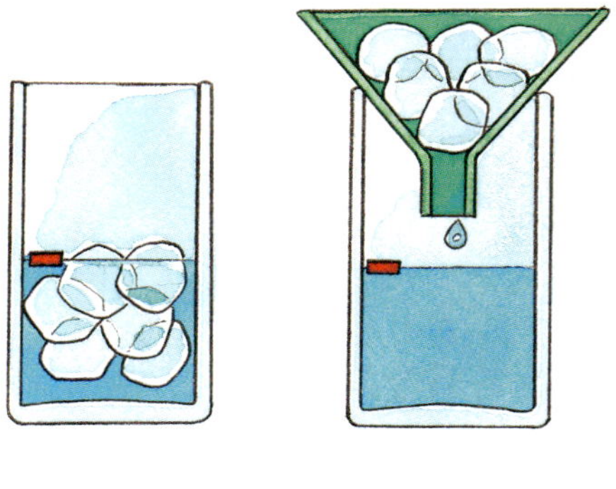

Wie hoch steht das Wasser in den beiden Gläsern nach einer Stunde?
Sind die Eiswürfel geschmolzen?
Im Glas ohne Trichter steht das Wasser genauso hoch wie vorher. Im Glas mit dem Trichter ist nun mehr Wasser enthalten.

Was bedeutet es für unsere Erde, wenn sich die Erdtemperatur erwärmt?

Stellen wir uns vor, die Eiswürfel im Glas wären wie Eisberge in den Meeren. Sie befinden sich bereits im Wasser. Wenn sie schmelzen, ändert sich am Wasserspiegel nichts.

Bei den Eiswürfeln im Trichter ist das anders. Diese Eiswürfel kann man mit dem Eis am Nordpol oder auch auf den Gletschern der Berge auf Grönland vergleichen: Es schwimmt nicht auf dem Wasser, sondern bedeckt das Land. Wenn dieses Eis schmilzt, fließt es über Bäche und Flüsse ins Meer, genau wie das Eis im Trichter in das Wasserglas geflossen ist. Und genau wie im Glas steigen die Meeresspiegel auf der Erde an, wenn sich die Erde erwärmt und das Eis an den Polen und auf den Gletschern taut.

Zum Staunen

Deutschland unter Wasser

Wenn der Meeresspiegel ansteigt, werden flache Inseln und Küsten überschwemmt. Und da viele große Städte an Küsten liegen, wären auch sie in Gefahr.
Auch in Deutschland würden große Teile der Nordseeküste im Wasser versinken, wenn das Eis an den Polen schmelzen würde.
Forscher rechnen in diesem Fall mit einem Anstieg des Meeresspiegels um mindestens vier, vielleicht sogar sechs Meter. Schon beim Anstieg von zwei Metern bekäme man in Hamburg und Bremen nasse Füsse.

Warum gibt es Ebbe und Flut?

Lebst du am Meer oder warst du schon einmal im Urlaub dort? Dann hast du sicher bemerkt, dass das Wasser an der Küste manchmal hoch steht und manchmal weit weg vom Strand ist. Dann herrschen Flut oder Ebbe. Aber weißt du auch, warum?

Versuch

Erde und Mond

Das brauchst du:

- Tischtennisball
- Klebeband
- Etwas Nähgarn (ungefähr 15 cm)

Klebe ein Ende des Garns mit dem Klebeband an den Tischtennisball. Nimm das andere Ende zwischen Daumen und Zeigefinger und lass den Tischtennisball am Faden drehen. Was passiert, wenn du den Faden loslässt?
Der Tischtennisball fliegt davon. Und wenn du aufhörst zu drehen? Der Tischtennisball hängt am Faden herunter.

Das ist ein Modell für Erde und Mond. Deine Hand stellt die Erde dar, der Tischtennisball den Mond. Der Mond dreht sich um die Erde wie der Tischtennisball um deine Hand. Dabei wird der Mond von der Erde angezogen. Würde die Erde den Mond nicht anziehen, würde er einfach davonfliegen. Die Kraft, die den Mond von der Erde wegzieht, nennt man Fliehkraft.

Zum Spielen

Fliehkraft spüren

Du kannst die Fliehkraft auch spüren, wenn du dich um dich selbst drehst und die Arme ganz locker an deinem Körper herunterhängen lässt. Wenn du dich ganz langsam drehst, passiert noch gar nichts. Je schneller du dich drehst, umso mehr werden deine Arme angehoben und wollen nach außen fliegen – genau wie bei einem Kettenkarussell.

Versuch

Erdanziehungskraft

Das brauchst du:

- Große Schüssel
- Eine Murmel

Gib der Murmel einen Schubs, sodass sie sich am Rand der Schüssel dreht. Was passiert, wenn die Murmel langsamer wird? Genau! Sie fällt auf den Boden der Schüssel.

Wenn der Mond aufhören würde, um die Erde zu kreisen, würde er auf die Erde hinabstürzen, genau wie die Murmel auf den Schüsselboden fällt, wenn sie sich nicht mehr dreht.
Die Erdanziehungskraft zieht den Mond zu sich heran. Die Fliehkraft zieht ihn von der Erde weg. Die beiden Kräfte wirken entgegengesetzt und halten so den Mond auf seiner Bahn um die Erde.
Und genauso wie die Erde den Mond anzieht, zieht der Mond die Erde an. Da der Mond aber kleiner als die Erde ist, zieht er nur das Wasser der Ozeane, nicht aber die Landmassen zu sich heran. Je nach Position des Mondes wird deshalb das Wasser der Ozeane in Richtung Mond verschoben.

Wie wird Wasser wieder sauber?

Für uns ist es selbstverständlich, dass aus dem Wasserhahn sauberes Wasser kommt. Es ist so sauber, dass man es sogar trinken kann. Aber woher kommt dieses Wasser eigentlich?

Versuch

Öl und Fett im Wasser

Das brauchst du:

- Glas
- Etwas Öl
- Etwas Butter oder Margarine
- Löffel
- Wasser

Gib das Öl in das Glas. Gieße nun das Wasser hinzu, bis das Glas halb voll ist. Wo befindet sich das Öl?
Es schwimmt oben. Rühre nun mit dem Löffel gut um und lasse das Glas eine Weile stehen. Was passiert? Beim Umrühren hat sich das Öl mit dem Wasser vermischt. Lässt man es stehen, setzt es sich wieder oben ab. Du kannst es nun vorsichtig abgießen.
Kannst du auch Butter oder Margarine zum Wasser hinzugeben?
Rühre kräftig um und warte, bis sich die Butter wieder absetzt. Auch sie schwimmt bald wieder an der Oberfläche.
Fett und Öl sind leichter als Wasser. Deshalb kann man in Kläranlagen Fett und Öl abschöpfen, wenn sie sich nach einer Weile oben abgesetzt haben.

Versuch

Wasserreinigungsanlage

Das brauchst du:

- Groben und feinen Kies
- Sand
- Filterpapier
- Joghurtbecher mit Löchern im Boden
- Mehrere saubere Marmeladengläser
- Trichter

Fülle die beiden Kiessorten und den Sand in je einen Joghurtbecher und setze alles so zusammen:

Spüle nun deine Wasserreinigungsanlage so lange mit sauberem Wasser, bis dieses klar in das Glas unten fließt. Nun kannst du oben schmutziges Wasser hineingießen. Welche Verschmutzungen kann deine Anlage herausfiltern?

Teste nach und nach verschiedene Verschmutzungen: Nimm z. B. schlammiges Wasser voller Sand und Erde, Wasser aus einem Bach, Spülwasser oder Tee.

Regenwasser ist eigentlich das sauberste Wasser. Es ist noch mit keinem Gegenstand auf der Erde in Berührung gekommen. Allerdings kann das Regenwasser schmutzig werden, wenn es durch Luftschichten regnet, die z. B. Abgase von Autos enthalten. Dann nimmt das Regenwasser diese Gase auf und wird zu sogenanntem „sauren Regen“. Saurer Regen beschädigt Pflanzen und Gebäude.

Für Eltern

Was macht sauren Regen sauer?

Es ist tatsächlich eine Säure, die vom Himmel fällt. Durch die Verbrennung schwefelhaltiger Kohle und Heizöle entstehen Schwefeloxide, die mit Regenwasser zu Schwefelsäure reagieren. Bei jeder Verbrennung entstehen aber auch Stickoxide, die mit Wasser und Sauerstoff Salpetersäure bilden.

Zum Staunen

Was passiert in einer Kläranlage?

In den Kläranlagen wird mit einem großen Sieb, dem Rechen, zuerst der grobe Abfall, der sich im Wasser befindet, abgetrennt.
Dann können Sand und kleine Steinchen auf den Boden sinken. Wenn diese entfernt sind, bleibt das Wasser in großen Becken stehen, sodass sich der Schlamm unten und Öl und Fett oben absetzen können. Sind diese abgeschöpft und wurde der Schlamm entfernt, kommt das Wasser in große Belebungsbecken. Dort wird Luft durch das Wasser geleitet und Bakterien werden hinzugefügt. Diese Bakterien fressen den restlichen Schmutz einfach auf.
Das Wasser, das dann aus den Belebungsbecken kommt, ist aber immer noch ziemlich braun. Es muss jetzt in ein weiteres Becken, wo sich der restliche Schmutz unten absetzt. Beim Rauslaufen aus diesem Becken wird das Wasser ein letztes Mal gefiltert und ist so sauber, dass es wieder in einen Fluss oder Bach geleitet werden kann.

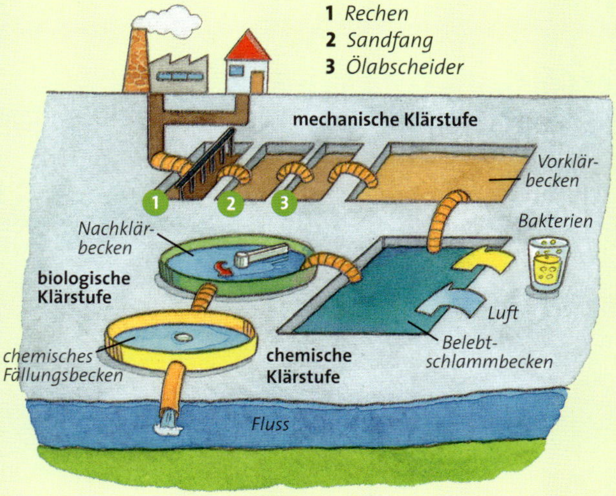

Versuch

Wasser gewinnen in der Wüste

Das brauchst du:
- Großes Marmeladenglas
- Schaufel
- Mehrere Steine
- Ein Stück Kunststofffolie

Grabe an einer sonnigen Stelle ein tiefes Loch in den Erd- oder Sandboden. Wenn es tief genug ist, stelle das Marmeladenglas hinein. Jetzt spannst du die Kunststofffolie über das Loch und beschwerst die Ränder mit Steinen.

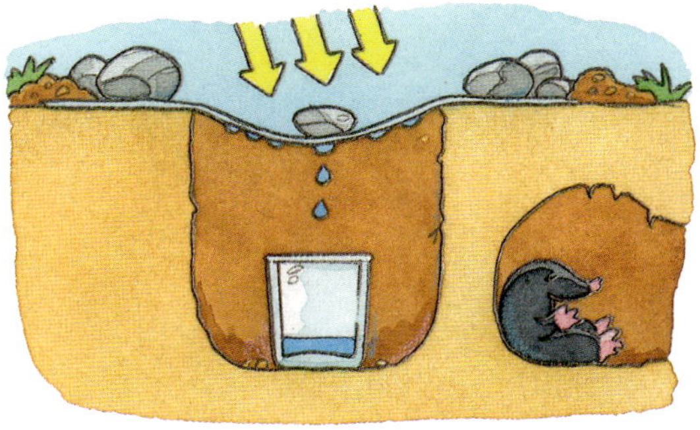

Die aus dem Loch geschaufelte Erde nimmst du zum Abdichten. Zum Schluss legst du in die Mitte der Folie einen kleinen Stein, sodass die Folie über dem Glas etwas durchhängt.
Wenn die Sonne einige Stunden auf die Folie scheint, verdunstet Wasser aus der Erde und schlägt sich an der Folie nieder. Dort laufen die Wassertropfen zusammen und tropfen ins Glas. Wenn du das Glas wieder ausgräbst, hast du ein wenig Wasser darin gesammelt.

Luft

Warum drehen sich Weihnachtspyramiden?

Hast du schon einmal eine brennende Kerze beobachtet? Die warme Luft über der Flamme flimmert und steigt nach oben. Auch die Luft auf unserer Erde ist in ständiger Bewegung. Diese Bewegung entsteht, wenn sich Luft erwärmt oder abkühlt.

Versuch

Papierschlangen-drehung

Das brauchst du:

- Ein Blatt Papier
- Schere
- Klebeband
- Etwas Nähgarn
- Tischlampe

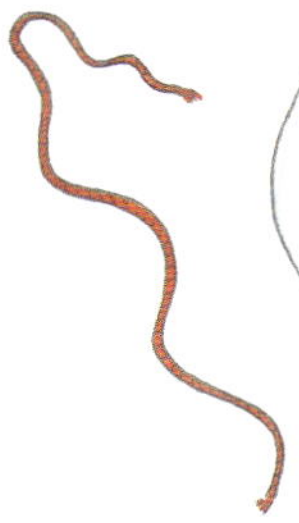

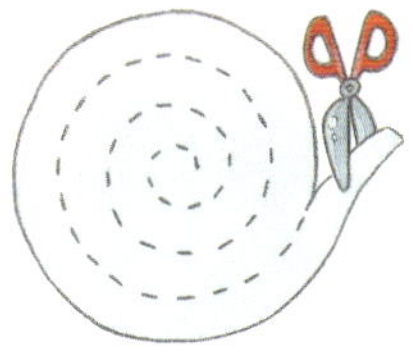

Schneide aus dem Papier eine Spirale. Klebe etwa 10 cm Nähgarn auf ein Ende der Spirale und halte die Papierschlange an diesem Faden über eine Tischlampe oder einen Heizkörper. Was passiert mit der Papierschlange?

Genau! Sie beginnt, sich zu drehen. Denn warme Luft steigt nach oben und bringt beim Aufsteigen die Papierschlange in Bewegung.

Du kannst auch eine kleine Feder an einem Faden über die Heizung oder die warme Platte eines Elektroherds halten. Auch dabei lässt sich beobachten, wie sich die feinen Fasern der Feder oder sogar die ganze Feder nach oben bewegt. Weshalb?
Die warme Luft steigt nach oben und bewegt so die Feder.

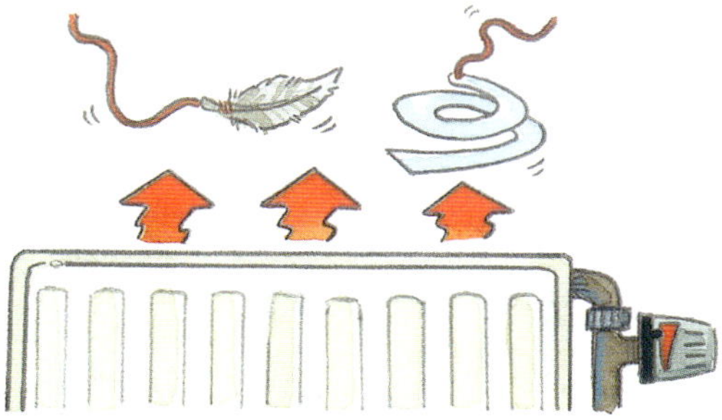

Auf diese Weise funktionieren auch Weihnachtspyramiden. Die warme Luft der Kerzen streicht dann an den Flügeln entlang und weil die Flügel schräg gestellt sind, wird die Luft zur Seite abgelenkt und drückt dabei die Flügel so, dass sich die Pyramide dreht.

Mit heißer Luft kann man sogar Menschen in die Luft heben!
An einem Heißluftballon hängt ein Korb, in dem sich Gasflaschen und ein Brenner befinden. Damit wird Gas verbrannt und Luft erwärmt. Die heiße Luft steigt nach oben und nimmt dabei den Ballon samt Korb mit den Passagieren mit.
Und wie kommt der Ballon wieder herunter? Ganz einfach! Man stellt den Brenner ab und lässt die Luft wieder abkühlen. Da keine heiße Luft mehr aufsteigt, sinkt der Ballon langsam nach unten.

Versuch

Warme und kalte Luft

Das brauchst du:

- Schere
- Klebeband
- Fön
- Abfalltüte aus Kunststoff
- Trinkbecher aus Pappe oder Kunststoff

Schneide den Trinkbecher etwa in der Mitte durch, sodass du einen breiten Ring hast. Raffe jetzt die Kunststofftüte an ihrer Öffnung und klebe sie mit Klebeband an diesen Ring. Achte darauf, dass keine großen Löcher offen bleiben.
Halte die Kunststofftüte gut fest und stecke sie auf den Fön.

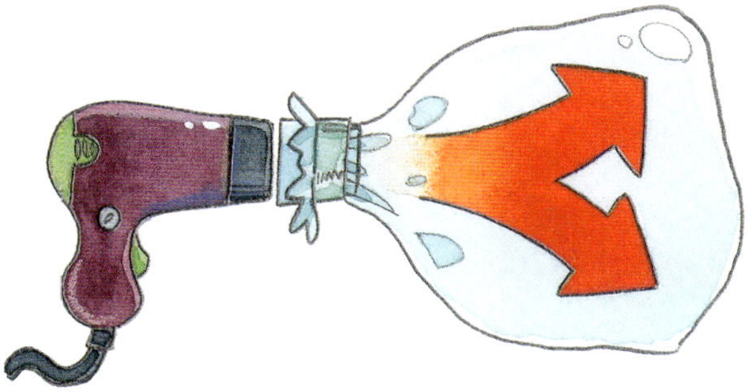

Nun bläst du die Tüte mit dem Fön auf. Wenn sie gut aufgeblasen ist, schalte den Fön aus und lasse die Tüte los. Was passiert? Die Tüte fliegt ein Stück nach oben, weil die Luft in ihr warm ist. Schnell kommt sie wieder herunter. Aber warum? Die Luft im Zimmer ist kälter als in der Tüte und die Tüte ist nur sehr dünn. Also kühlt sich die Luft schnell wieder ab.

Heißluftballons existierten schon lange, bevor es Flugzeuge gab. Zwei Brüder aus Frankreich waren die Ersten, die einen solchen Ballon gebaut haben.

Die Geschichte der Brüder Montgolfier

Jacques und Josef Montgolfier lebten vor mehr als 200 Jahren in Frankreich. Zu dieser Zeit gab es weder Autos noch Telefon und schon gar keine Flugzeuge. Arme Kinder mussten oft viele Stunden am Tag arbeiten, damit sie überhaupt Geld hatten, sich etwas zu essen zu kaufen.

Jaques und Josef aber hatten Glück. Ihre Familie war reich, denn ihr Vater besaß eine Papierfabrik, in der Papier für alle möglichen Dinge hergestellt wurde. Papier kann man ja nicht nur zum Schreiben oder zum Druck von Büchern benutzen. Früher wurden auch Süßigkeiten in Papiertüten verpackt. Und da die Familie von Jacques und Josef reich war, bekamen die Jungen immer wieder mal so eine Tüte Süßigkeiten. Damit saßen sie manches Mal vor dem Kamin und erzählten sich Geschichten, während sie naschten. War die Tüte dann leer, warfen sie sie einfach in die Glut.

Und da passierte es: Eine Tüte fing nicht gleich Feuer, sondern stieg nach oben. Wahnsinn! Sie haben es gleich mehrmals ausprobiert und es geschah immer wieder und wieder. Was war geschehen?

Ganz offensichtlich wurde die Tüte von der nach oben steigenden Luft mitgerissen. Dass warme Luft nach oben steigt, wusste man natürlich damals schon. Sonst hätte man ja auch keine Kamine mit Lüftungsschacht gebaut. Und natürlich wusste auch jeder, dass manchmal kleine Ascheteilchen mit nach oben gerissen werden konnten. Aber dass die heiße Luft eine ganze Papiertüte mit aufsteigen ließ, das war neu. Am besten funktionierte es, wenn sie die Tüte mit der Öffnung nach unten auf die

Glut legten. Dann wurde die heiße Luft so richtig in der Papiertüte gefangen und die Tüte schwebte ganz sanft nach oben. Grandios! Und das Beste war, dass die Tüten wieder langsam herunterschwebten, wenn das Feuer langsam herunterbrannte und die Luft nicht mehr so heiß war.

Diese Beobachtungen brachte die beiden auf eine Idee: Könnte man nicht eine riesig große Tüte bauen, darunter Feuer machen und dann mit ihr in die Luft fliegen? Eine tolle Vorstellung war das: Fliegen wie ein Vogel.

Es hat zwar ziemlich lange gedauert, bis sie diesen Traum testen konnten, aber sie haben es nicht vergessen. Sie waren schon erwachsene Männer, als sie tatsächlich einen Ballon aus Papier und Stoff bauten und ihn über einem Feuer zum Fliegen brachten. Sogar der König von Frankreich, Ludwig der XVI., hörte davon und lud die Brüder in sein Schloss nach Versailles ein. Dort schwebten die ersten drei Lebewesen in einem Heißluftballon in die Luft. Die drei Tiere, ein Hammel, eine Ente und ein Hahn, kamen nach ihrem Flug wieder wohlbehalten auf der Erde an. Erst dann erlaubte der französische König, dass nun auch Menschen mit dem Ballon fliegen durften.

Die Brüder Mongolfier waren zwar die ersten Erbauer eines Heißluftballons, die ersten Menschen, die damit geflogen sind, waren sie aber nicht. Das waren am 21. November 1783 der Physiker Jean-Francois Pilatre de Rozier und der Offizier Francois d'Arlandes. Sie flogen 25 Minuten und landeten dann wieder sicher auf einem Hügel bei Paris.

Welche Kraft hat Luft?

Die Luft auf unserer Erde ist zwar unsichtbar, aber sie wird von der Erdanziehungskraft festgehalten, sodass sie die ganze Erde wie eine Hülle umschließt. Dadurch drückt sie auf alles, was sich auf der Erde befindet.

Versuch

Starke Luft

Das brauchst du:

- Lineal, 30 cm lang
- Ein Blatt Papier A3 groß oder eine große Zeitungsseite

Lege das Lineal so auf den Tisch, dass es ungefähr 10 cm über die Tischkante hinausragt. Jetzt schlage mit der Hand auf das überstehende Ende. Was passiert? Dein Lineal fliegt auf und davon.

Nun legst du das Lineal wieder auf den Tisch. Doch diesmal legst du auf den Teil des Lineals, der auf dem Tisch liegt, das Papier oder die Zeitungsseite. Was passiert, wenn du nun auf den überstehenden Teil des Lineals schlägst?

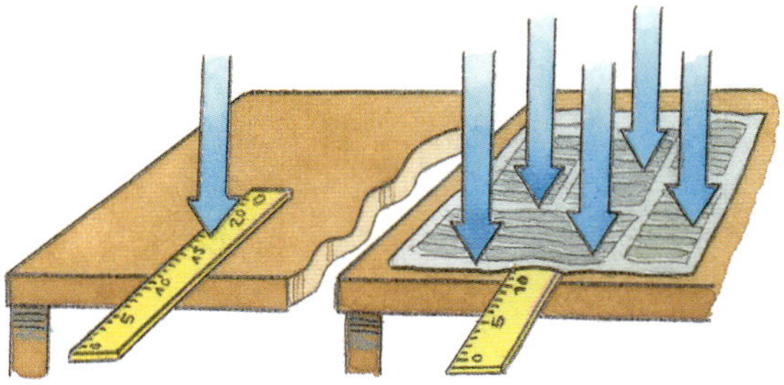

Ging es schwieriger? Ist das Lineal dabei zerbrochen?
Woran könnte das liegen? So schwer ist ein Blatt Papier nun auch wieder nicht!

Die Luft umspannt unsere Erde wie eine Hülle. Diese Lufthülle drückt auf das Lineal und auf das Papier, das auf dem Lineal liegt. Das Papier ist größer als das Lineal und deshalb drückt beim zweiten Versuch mehr Luft auf den Teil des Lineals, der auf dem Tisch liegt. Das Lineal kann nicht so leicht wegfliegen. Es kann sogar dabei zerbrechen.

1 *Stratosphäre* **3** *Stratosphäre*
2 *Ozonschicht* **4** *Troposphäre*

Überall auf der Erde, über deinem Bett, über deinem Kopf, über jedem Grashalm befindet sich die Luft unserer Atmosphäre. Sie wird genau wie wir selbst und alle anderen Dinge von der Erde angezogen. Die Luft liegt sozusagen auf allem, was sich auf der Erde befindet. Und wenn etwas auf uns liegt, dann drückt es auch auf uns, so wie z. B. ein schweres Buch auf deinen Bauch drückt, wenn du es im Liegen auf deinen Bauch legst. Man nennt die Kraft, mit der die Luft auf die Erde drückt, Luftdruck. Je mehr Luft da ist, desto größer ist der Luftdruck, und je weniger Luft da ist, desto geringer ist der Luftdruck. Wenn du also auf einen hohen Berg kletterst, ist weniger Luft über dir und der Luftdruck ist geringer als am Fuß des Berges.

Zum Ausprobieren

Wirkt der Luftdruck nur von oben?

Fülle ein Glas bis an den Rand mit Wasser und lege eine Postkarte darauf. Halte die Karte fest und drehe das Glas um. Führe den Versuch am besten über einem Waschbecken oder einer Schüssel durch.
Wenn du das Glas geschickt drehst, bleibt die Postkarte am Glas und das Wasser darin. Auch hier drückt der Luftdruck auf die Postkarte und hält sie fest.

Wie entsteht Wind?

Hast du schon mal an einem heißen Sommertag draußen gespielt und plötzlich zogen dunkle Wolken auf? Bevor es so richtig losgeht mit einem Gewitter oder einem Platzregen, fegt ein starker Wind über das Land. Aber warum?

Wenn die Sonne die Luft erwärmt, steigt sie nach oben. Gleitschirmflieger nutzen diese aufsteigende Luft, um sich mit ihrem Schirm nach oben zu schrauben. Doch wenn viel warme Luft nach oben steigt, ist unten weniger. In diesem Gebiet ist der Luftdruck dann geringer als vorher. Das nennt man Tiefdruckgebiet.
Und was passiert umgekehrt?
Wenn kalte Luft nach unten sinkt, gibt es unten mehr Luft als vorher. Mehr Luft hat auch einen höheren Druck. Es entsteht ein Hochdruckgebiet.

Da in Tiefdruckgebieten sozusagen Luft fehlt und in Hochdruckgebieten mehr Luft da ist, bewegt sich die Luft von Gebieten mit hohem Luftdruck zu Gebieten mit niedrigem Luftdruck. Diese Bewegung der Luft spüren wir als Wind.

Versuch

Luftballonwinde

Das brauchst du:

- Einen Luftballon

Blase den Luftballon auf und halte ihn zu, aber verknote ihn nicht. Wo ist der Luftdruck höher – im Zimmer oder im Luftballon?
Im Luftballon.
Und warum? Du hast Luft hineingeblasen und die Gummihaut des Ballons hält sie fest. Sie ist also zusammengepresst.
Und was wird passieren, wenn du den Ballon loslässt?
Er saust durchs Zimmer. Die Luft, die du in den Ballon geblasen hast, wurde zusammengedrückt und hat dadurch einen höheren Luftdruck als die Luft draußen. Sobald du die Öffnung loslässt, bewegt sich die Luft aus dem Ballon nach draußen zu der Luft mit dem niedrigeren Druck.

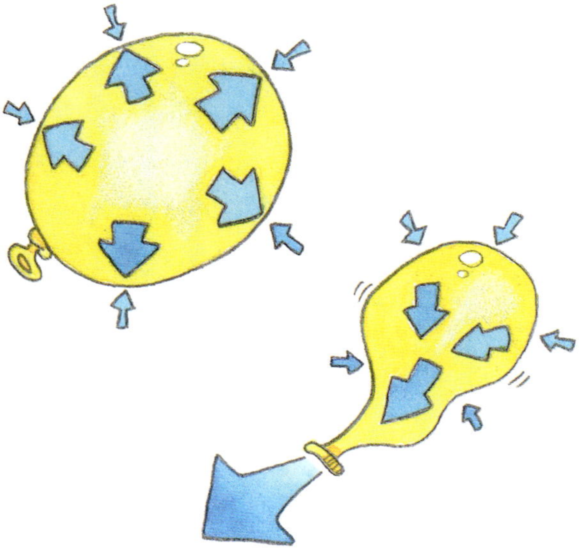

Zum Basteln

Drachen bauen

Was gibt es Schöneres, als bei Wind einen selbst gebauten Drachen steigen zu lassen?

Das brauchst du:

- Plastikfolie oder dünner Stoff
- Zwei Holzleisten (90 cm und 75 cm lang)
- Feste Schnur
- Ein Gardinenring
- Klebstoff

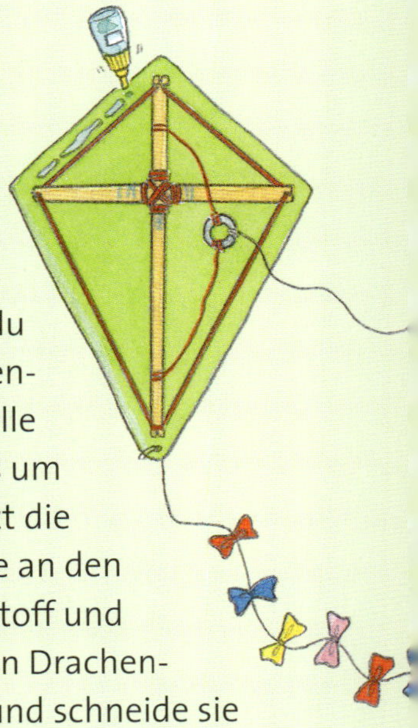

Kerbe die Leisten an den Enden ein, die 75 cm lange Leiste kreuzweise, die anderen einfach. Dann verklebst du die Leisten zu einem Drachenkreuz und sicherst diese Stelle zusätzlich mit Schnur. Rings um den Drachen bringst du jetzt die Spannschnur an, sicherst sie an den Kerben zusätzlich mit Klebstoff und verknotest sie. Lege nun dein Drachenkreuz auf die Bespannung und schneide sie zu. Gib auf allen Seiten etwa 2–3 cm zu, sodass du sie umschlagen kannst. Nun klebst du die Bespannung auf das Drachenkreuz. Jeweils 10 cm von der oberen und der unteren Spitze entfernt wird eine Schnur angebracht, die obere ist 30 cm lang, die untere 60 cm. Führe die Schnüre jeweils durch ein kleines Loch in der Bespannung und verknote die Enden der beiden Schnüre am Gardinenring. Verknote auch die Drachenschnur, mit der du den Drachen hältst, am Gardinenring. Wenn du möchtest, kannst du deinem Drachen noch einen 3 m langen Drachenschwanz anbinden.

Warum wird die Luft schmutzig?

Durch die Art, wie wir Menschen leben, wird das Wasser, aber auch die Luft schmutzig. Abgase aus Schornsteinen, Kraftwerken oder Autos verändern die Zusammensetzung der Luft – sie enthält immer mehr Schmutzteilchen.

Versuch

Kerzenluft

Das brauchst du:

- Kerze mit Ständer aus Knetmasse
- Hohes Glas
- Flache Schale mit etwas Wasser

Lass dir von einem Erwachsenen die Kerze anzünden. Wenn sie gut brennt, setze das Glas mit der Öffnung nach unten über die Kerze. Was geschieht mit der Kerze? Genau! Sie verlischt, denn sie hatte nicht mehr genug Luft. Aber heißt das, dass in dem Glas jetzt keine Luft mehr ist? Stell die Kerze nun in die flache Schale mit Wasser. Zünde sie erneut an und stülpe das Glas darüber. Was passiert?

Die Kerze ist wieder verloschen. Das hattest du sicher erwartet. Aber was passierte noch?
Das Wasser ist in das Glas gestiegen.
Nicht gesehen?
Dann mache den Versuch noch einmal und spüle unbedingt das Glas vorher gründlich aus! Sonst funktioniert der Versuch nicht und die Kerze verlöscht ganz schnell.
Steigt alles Wasser in das Glas?
Dann fülle mehr Wasser in die Schale und probiere so lange, bis noch Wasser in der Schale verbleibt. Was ist oberhalb des Wassers im Glas?

Die Kerze verbraucht nicht die gesamte Luft, sondern nur den Teil, den sie zum Brennen benötigt. Dieser Teil der Luft heißt Sauerstoff. Luft besteht aber aus vielen Gasen, von denen nur eines Sauerstoff ist. Der größte Anteil der Luft ist aber nicht der Sauerstoff. Das ist Stickstoff.

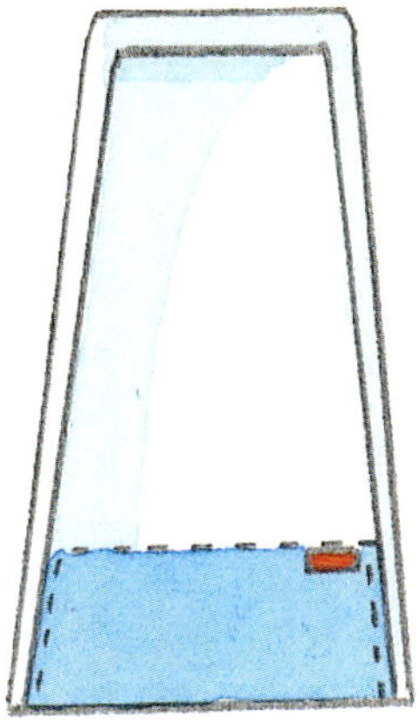

Weißt du, wie viele Teile Stickstoff und Sauerstoff in der Luft sind? Weißt du noch, wie hoch das Wasser im Glas angestiegen ist? Dann zeichne es hier ein.

Warum bläst man in Grill- oder Lagerfeuer hinein, wenn es nicht so richtig brennen will? Um Luft, genauer gesagt Sauerstoff, hinzuzufügen und das Feuer zu entfachen.

Für Eltern

Luft ist ein Gasgemisch aus Stickstoff, Sauerstoff und Argon. Der Anteil des Stickstoffs liegt bei ungefähr 78 %, der des Sauerstoffs bei fast 21 % und Argon ist zu etwas weniger als 1 % enthalten. Darüber hinaus gibt es noch weitere Gase, die in sehr geringer Menge in der Luft enthalten sind; das bekannteste davon ist Kohlendioxid.

Versuch

Welche Kerze verlischt schneller?

Das brauchst du:

- Mehrere Teelichter (vier)
- Mehrere unterschiedlich große Gläser

Diesen Versuch machst du am besten mit einem Erwachsenen. Zündet vier Teelichter an und wartet, bis alle Flammen gleichmäßig brennen. Dann nimmt jeder zwei unterschiedlich große Gläser und stülpt sie alle gleichzeitig über die brennenden Teelichter. Welches wird wohl zuerst ausgehen? Na klar, das, über dem das kleinste Glas steht. In diesem Glas ist am wenigsten Sauerstoff drin.

In der Luft befinden sich neben den verschiedenen Gasen auch viele kleine schwebende Teilchen. Diese entstehen meist dann, wenn etwas verbrannt wird.

Versuch

Rußentstehung

Das brauchst du:

- Kerze und Streichhölzer
- Teller

Lasse einen Erwachsenen die Kerze anzünden und halte den Teller so über die Kerze, dass der Boden in die Flamme hineinragt. Bewege den Teller ein wenig hin und her. Schaue dir nun den Tellerboden an. Was erkennst du?
Der Teller ist unten schwarz.

Beim Verbrennen von Wachs entstehen kleine Rußteilchen, die Partikel. Sie steigen in die Luft auf und verschmutzen sie. Auch beim Verbrennen von Holz, Kohle, Öl oder Gas oder von Benzin oder Diesel in den Automotoren entstehen solche Rußteilchen. Um die Umwelt zu schützen, sollte man also möglichst wenig Auto fahren und mit Bedacht heizen.

Manchmal kannst du in der Nähe von großen Städten oder Fabriken richtige Dunstglocken beobachten. Diese Luftverschmutzungen durch Partikel und Gase nennt man Smog. Dadurch erscheint die Sonne manchmal wie im Abendrot, obwohl erst Mittagszeit ist. Wenn die Strahlen der Sonne durch Luftschichten müssen, die viele Staubteilchen enthalten, werden die bläulichen Anteile verschluckt und der Himmel erscheint rot-orange.

Für Eltern

Warum ist Feinstaub gefährlich?

In den letzten Jahren wurde die Bedeutung des Feinstaubs als gesundheitlicher Risikofaktor erkannt. Dieser feine Staub wird von den Härchen in der Nase nur wenig zurückgehalten und kann daher fast ungehindert in den Körper gelangen. Da er vor allem durch Industrie, private Haushalte und Dieselmotoren verursacht wird, müssen inzwischen alle Dieselfahrzeuge mit Partikelfiltern ausgestattet sein, die die krebserregenden Dieselrußpartikel aus den Abgasen herausfiltern.

Versuch

Sonnenuntergang

Das brauchst du:

- Ein Glas mit Wasser
- Löffel zum Umrühren
- Einige Tropfen Milch
- Strohhalm oder Pipette
- Taschenlampe

Dieses Experiment funktioniert am besten, wenn du den Raum abdunkelst.

Fülle das Glas mit Wasser und leuchte mit der Taschenlampe von der Seite hinein. Siehst du die bläulich weiße Farbe des Lichts?

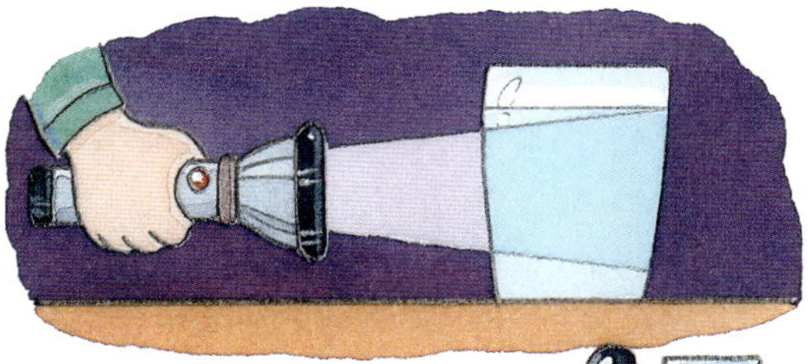

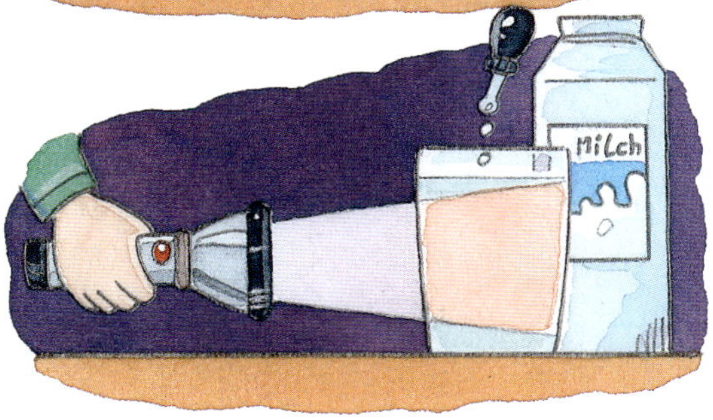

Gib nun einige Tropfen Milch in das Glas und rühre um. Was siehst du, wenn du wieder von der Seite durch das Glas leuchtest? Erkennst du die gelb-rötliche Färbung? Noch nicht? Dann tropfe noch etwas mehr Milch hinein.

Zum Ausprobieren

Welche Luft ist am saubersten?

Schneide aus weißem Papier mehrere Streifen. Klebe auf eine Hälfte jeweils ein Stück Malerkrepp. Jetzt befestigst du die Papiere an verschiedenen, vor Regen geschützten Stellen, z. B. in deinem Zimmer, auf dem Balkon, im Garten, in der Garage, in der Nähe der Straße. Nach einer Woche sammelst du die Papiere wieder ein und merkst dir, wo welches hing. Dann entfernst du den Malerkrepp und vergleichst die beiden Hälften. An welchen Orten blieb das Papier besonders sauber? Wo wurde es sehr dreckig?

Diese rötliche Farbe sehen wir am Morgen und am Abend, wenn die Sonne sehr tief steht. Die Luft in manchen Städten ist aber so stark verschmutzt, dass die Sonne auch am Mittag rot erscheint, z. B. in Mexiko-Stadt oder in Dehli.

Was ist der Treibhauseffekt?

In Treibhäusern sammelt sich die Sonnenwärme und durch die warme und feuchte Luft können Pflanzen besonders gut wachsen. Doch warum spricht man auch vom Treibhauseffekt?

Zum Ausprobieren

Wie wachsen Topfpflanzen schneller?

Gieße deine Pflanze gut, sodass die Erde feucht ist, und stülpe eine große durchsichtige Kunststofftüte über die Pflanze. Klebe sie am Blumentopf mit Klebeband fest und stelle die Pflanze in die Sonne. Schon nach wenigen Tagen siehst du, wie sich an der Tüte Wassertröpfchen niederschlagen: Es hat sich ein warmes und feuchtes Mikroklima gebildet. Wenn du zwei Pflanzen hast, kannst du gut beobachten, welche schneller wächst: Die unter der Tüte oder die ohne Tüte?

Warum gibt es schon im Frühjahr frische Erdbeeren oder Tomaten? Das gelingt nur, wenn die Pflanzen im Gewächshaus wachsen. Gewächshäuser haben ein Glasdach und Glas- oder Kunststoffwände, durch die die Sonne gut hineinscheinen kann. Die Gärtner gießen die Pflanzen regelmäßig und das dabei entstehende warme und feuchte Klima lässt Pflanzen und Früchte wachsen, die außerhalb des Gewächshauses noch nicht gedeihen würden.

Versuch

Treibhaustemperaturen

Das brauchst du:

- Zwei Thermometer
- Plastiktüte
- Papier und Stift

Lies von beiden Thermometern die Temperaturen ab und notiere sie. Lege die Thermometer auf ein sonniges Fensterbrett, stecke eins in eine durchsichtige Plastiktüte und verschließe sie gut.
Was kannst du erkennen, wenn du nach ein und dann nach zwei Stunden die Temperatur erneut abliest?
Das Thermometer in der Tüte zeigt eine höhere Temperatur an als das ohne Tüte. Warum?
Die Wärme der Sonne wird in der Tüte festgehalten, sodass die Temperatur ansteigt.

Manche Menschen haben auch einen Wintergarten an ihrem Haus. Er heizt sich durch die eingefangenen Sonnenstrahlen auf und die Pflanzen können hier auch im Winter prächtig gedeihen.

Versuch

Erwärmung der Erdoberfläche

Das brauchst du:

- Eine Schüssel mit Sand
- Eine Schüssel mit Wasser
- Drei Thermometer
- Papier und Stift

Alle drei Thermometer sollen am selben Platz gelagert werden, sodass sie am Anfang alle dieselbe Temperatur anzeigen. An einem sonnigen Tag stellst du die beiden Schüsseln in die Sonne und steckst in jede ein Thermometer. Das dritte Thermometer legst du daneben. Dann liest du über den ganzen Tag verteilt an allen drei Thermometern immer wieder die Temperaturen ab und notierst sie. Welches Thermometer zeigt die höchste Temperatur an?

Sand oder Festland benötigen viel weniger Wärme, um die Temperatur um einen bestimmten Wert zu erhöhen, als Wasser. Deshalb erwärmt sich das Festland im Frühjahr viel schneller, während das Meer noch kalt ist. Dafür kühlt sich der Sand dann auch wieder schneller ab, während das Wasser die Wärme noch speichert. Am Meer herrschen also gleichförmigere Temperaturen als in der Wüste – dort schwanken die Temperaturen extrem.

Die Lufthülle der Erde wird durch die Wärme der Sonne aufgeheizt. Nachts entweicht diese Wärme teilweise wieder in den Weltraum. Was passiert, wenn dies durch die Luftverschmutzung verhindert wird?

Versuch

Kohlendioxid herstellen

Das brauchst du:

- Plastikflasche
- Luftballon
- Etwas Essig
- Zwei Trichter
- Ein Päckchen Backpulver

Gib das Backpulver mithilfe eines Trichters in den Luftballon. Fülle die Flasche zu etwa einem Viertel mit Essig. Stülpe jetzt die Öffnung des Luftballons fest über die Flaschenöffnung und lasse das Backpulver aus dem Luftballon in die Flasche rieseln. Das Backpulver reagiert mit dem Essig und schäumt. Dabei entsteht ein Gas: Kohlendioxid. Dieses Gas bläst den Luftballon auf.

Kohlendioxid ist ein viel genutztes Gas. Es ist z. B. in Sprudelwasser und allen anderen sprudelnden Getränken enthalten. Und dein Kuchen bleibt flach und fest, wenn du das Backpulver vergessen hast. Mit Flüssigkeit und Wärme entsteht aus Backpulver Kohlendioxid. Das macht den Kuchen hoch und locker.
Kohlendioxid entsteht aber auch, wenn etwas verbrannt wird, z. B. durch Fahrzeuge, große Industrieanlagen oder Heizungen.

Für Eltern

Was sind Treibhausgase?

Treibhausgase lassen die kurzwellige Sonnenstrahlung nahezu ungehindert durch die Atmosphäre der Erde, absorbieren aber die langwellige Wärmestrahlung der Erde. Dadurch wird die Erdatmosphäre erwärmt. Die wichtigsten Treibhausgase sind Kohlendioxid und Methan.

Elektrizität

Wie geht das mit dem Strom?

Mit Strom werden elektrische Geräte betrieben, Strom brauchen wir also jeden Tag. Sicher hast du schon einmal davon gehört, dass Strom fließt. Strom ist also etwas, was in Bewegung ist. Die kleinen „Stromteilchen" heißen Elektronen und bewegen sich in einem Stromkreis.

Versuch

Einfacher Stromkreis

Das brauchst du:

- Eine Batterie (am besten eine Flachbatterie, die lässt sich gut stellen)
- Zwei Stück Isolierdraht (jeweils ca. 10–15 cm lang), an den Enden jeweils 1–2 cm abisoliert, oder zwei Kabel mit Krokodilklemmen (bekommt man im Elektrohandel)
- Eine Glühlampe (Fahrradlämpchen) mit Fassung

Wie kannst du das Lämpchen zum Leuchten bringen?
Man spricht immer von einem **Stromkreis.** Versuche, die Batterie und die Lampe mit dem Draht entsprechend zu verbinden.

Das Lämpchen leuchtet, wenn du an die Anschlüsse der Batterie, das ist das Metall, das oben herausragt, jeweils eines der beiden Kabel anbringst – und zwar mit dem Metall! Die beiden anderen Kabelenden verbindest du mit den Anschlüssen an der Fassung. Die Glühlampe musst du in die Fassung hineinschrauben.

Was passiert, wenn eine Stelle nicht richtig verbunden ist?
Dann leuchtet das Lämpchen nicht. Der Stromkreis ist nicht geschlossen. Ganz gleich, ob du eine Glühlampe zum Leuchten oder einen Motor zum Laufen bringen möchtest: Strom muss immer von einer Seite der Stromquelle zur anderen wandern können. Du brauchst also einen geschlossenen Stromkreis. Sobald der Stromfluss unterbrochen ist, leuchtet weder die Lampe noch dreht sich der Motor.

Was ist eigentlich Strom?

Als Strom bezeichnet man die Bewegung von Stromteilchen. Diese Teilchen sind so klein, dass wir sie nicht sehen können.
Eine Batterie enthält zwei Kammern, von denen eine voller Stromteilchen ist. Diese Stromteilchen wandern über einen Metalldraht und durch die Glühlampe zur anderen Seite der Batterie. Dabei bringen sie die Glühlampe zum Leuchten.
Wenn alle Stromteilchen hinübergewandert sind, ist die Batterie leer und die Lampe geht aus. Die Stromteilchen, die in einem solchen Stromkreis wandern, heißen Elektronen.

Für Eltern

In vielen batteriebetriebenen Geräten kann man auch Akkumulatoren, kurz „Akkus“, einsetzen. Wie Batterien besitzen auch Akkus zwei Kammern und die Elektronen wandern von einer Kammer zu anderen. Sind alle Elektronen in die zweite Kammer gewandert und ist die erste leer, kann man die Elektronen wieder zurückwandern lassen, indem man die Akkus an das Stromnetz anschließt. Man nennt das Aufladen. Batterien hingegen lassen sich nicht erneut aufladen und wiederverwenden. Sie werden in einem Stromkreis entladen und müssen dann entsorgt werden.

Wozu braucht man Strom?

Vom Aufstehen bis zum Schlafengehen benutzen wir immer wieder Gegenstände, die mit Strom betrieben werden. Stell dir mal einen Tag ohne Strom vor: Wie würde ein solcher Tag wohl aussehen?

Versuch

Ventilator bauen

Das brauchst du:

- Eine Batterie (am besten eine Flachbatterie, die lässt sich gut stellen)
- Zwei Stück Isolierdraht (jeweils ca. 10–15 cm lang), an den Enden jeweils 1–2 cm abisoliert, oder zwei Kabel mit Krokodilklemmen (bekommt man im Elektrohandel)
- Motor (z. B. für Modelleisenbahnen, gibt es im Elektro-Bastelbedarf)
- Karton
- Schere
- Filzstifte

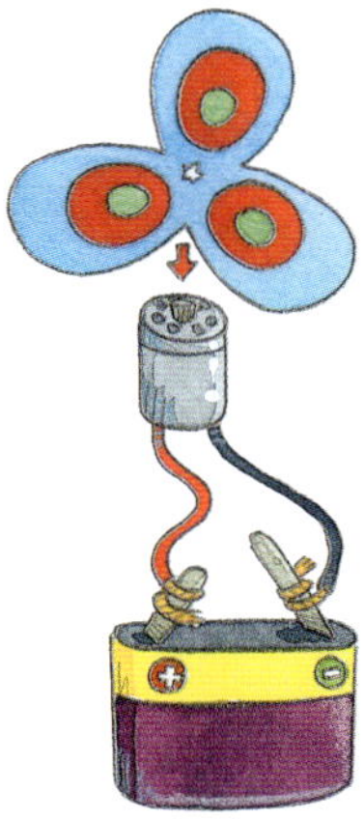

Schneide aus Karton Ventilatorflügel aus und bemale sie bunt. Du kannst auch Tonpapier verwenden. Stecke die Flügel auf den kleinen Metallstift des Motors. Verbinde nun den Motor mithilfe von zwei Kabeln mit der Batterie. Was passiert? Der Ventilator dreht sich. Was geschieht, wenn du die Anschlüsse an der Batterie vertauschst?
Der Ventilator dreht sich andersherum.

Heute benutzen wir sehr viele elektrische Geräte, die mit Strom betrieben werden. Ein Leben ohne elektrische Geräte können wir uns fast nicht mehr vorstellen. Schon morgens werden wir von einem elektrischen Wecker oder einem Radiowecker geweckt. Früher wachten die Menschen beim ersten Hahnenschrei auf oder wurden vom Nachtwächter geweckt, der regelmäßig die Stunden durchgerufen hat. Und deine Großeltern hatten sicher noch einen mechanischen Wecker, den man regelmäßig aufziehen musste.

Zum Raten

Welche Dinge benötigen Strom? Kreise alles ein, was mit Strom betrieben wird.

Die Elektrizität hat die Menschen schon vor mehr als 300 Jahren fasziniert und fast alle Forscher der damaligen Zeit versuchten, etwas darüber herauszufinden. Manche von ihnen wurden so berühmt, dass ihre Namen noch heute bekannt sind.

Wer hat den Strom entdeckt?

Den allerersten Stromkreis baute 1780 ein italienischer Arzt. Er hieß Luigi Galvani und lebte in der Stadt Bologna in Italien. Eigentlich wollte er in den Dienst der Kirche treten und studierte deshalb Theologie. Sehr schnell erkannte er aber sein eigentliches Interesse, nämlich das an den Vorgängen im Körper von Tieren und Menschen. So wechselte er zur Medizin und wurde Arzt. Mit nur 25 Jahren wurde er Professor für Medizin an der Universität Bologna, wo er fortan lehrte und forschte. Besonders spannend fand er den Aufbau von Menschen, Vögeln und Fröschen.

Bei einem seiner Experimente berührte er zufälligerweise Froschschenkel mit Kupfer- und Eisenplättchen. Die Froschschenkel begannen, wie wild zu zucken, obwohl der Frosch längst tot war!

Galvani war natürlich erst einmal furchtbar erschrocken. Dann überlegte er, woran das liegen könnte, und dachte, dass alle Tiere eine Art „Elektrizität" in sich tragen und die Froschschenkel deshalb gezuckt hatten.

Von diesen Experimenten erfuhr ein anderer Italiener, nämlich Alessandro Volta. Alessandro Volta war eines von neun Kindern einer reichen Familie aus Como, einer Stadt im Norden Italiens. Fünf seiner Geschwister wurden Priester. Sein Vater aber wollte, dass Alessandros Jura studieren und Richter werden sollte. Doch Alessandro interessierte sich mehr für Elektrizität und las alle Bücher, die er darüber finden konnte. So wurde er Forscher und testete seine Ideen mit vielen Experimenten. Er unternahm Reisen und tauschte sich mit anderen Forschern seiner Zeit aus. So wurde er bekannt und arbeitete als Professor für Physik erst an der Schule in Como und später an der Universität in Pavia.

Alessandro Volta

Zwölf Jahre nachdem Galvani seine ersten Froschexperimente durchgeführt hatte, hörte auch Volta davon. Galvani hatte inzwischen eine Theorie zur tierischen Elektrizität entwickelt und war überzeugt davon, dass Tiere Elektrizität speichern können.

Volta verwarf diese Theorie und behauptete, dass die Froschschenkel gezuckt hätten, weil Stromteilchen über die Froschschenkel vom Kupfer zum Eisen gewandert waren. Das Zucken der Froschschenkel war demnach nur eine Art Anzeiger für den Strom, genauso wie eine brennende Glühlampe zeigt, dass Strom fließt. Na, das gab vielleicht einen Streit!

Luigi Galvani

Viele Forscher dieser Zeit mischten sich ein: Die einen behaupteten, Galvani hätte recht, die anderen sagten, Volta liege richtig. Der Streit ging ziemlich lange, und erst nachdem Galvani schon gestorben war, konnte Volta beweisen, dass seine Erklärung richtig war.

Galvani hatte nämlich den ersten Stromkreis der Welt gebaut. Die Stromteilchen wanderten durch den Froschschenkel von einem Metall zum anderen. Das funktionierte, weil sich im Froschschenkel salzige Flüssigkeit befindet (das Blut und die Zellflüssigkeit), in der die Stromteilchen wandern können. Der Muskel bewegte sich, wenn die Stromteilchen durch ihn hindurchfließen – das sah man als Zucken.

Volta erkannte das und zwei Jahre nach Galvanis Tod baute er die erste funktionierende Batterie. Bis heute nennt man sie voltasche Säule.

Doch auch Galvanis Name wird noch heute verwendet: Man nennt die Verbindung von zwei Metallen (zwei Elektroden) über eine Schicht oder Flüssigkeit, in der die Stromteilchen wandern können, eine galvanische Zelle. Voltas Säule ist damit nichts weiter als viele hintereinandergeschaltete galvanische Zellen.

Was bedeuten Strom und Spannung?

Elektrizität wird fast immer als Strom bezeichnet. Elektrische Geräte brauchen jedoch eine bestimmte Spannung und funktionieren meistens mit 220 Volt. Was ist der Unterschied zwischen Strom und Spannung?

Versuch

Batteriesalat

Das brauchst du:

- Verschiedene elektrisch betriebene Geräte, z. B. Taschenlampen, Radiowecker, ferngesteuertes Auto, Spielzeuge mit Batterien

Nimm die Batterien aus den Geräten heraus und lege sie auf einen Haufen. Jetzt versuche, die Batterien wieder richtig in die Geräte einzusetzen. Worauf musst du achten?

Du musst die passende Batterie nehmen und darauf achten, dass du sie richtig herum einlegst.

Für verschiedene Geräte brauchst du unterschiedliche Batterien und meistens auch mehrere davon.
Hast du dir schon einmal eine Batterie genauer angeschaut? Fast immer kannst du Zahlen und ein V auf ihnen erkennen. Auf vielen Batterien steht 1,5 V, 4,5 V oder auch 9 V. Was bedeutet das?
Das V ist die Abkürzung für Volt. Das ist die Einheit der Spannung, benannt nach dem italienischen Forscher Volta.
Aber was bedeutet Spannung und warum steht da nichts von Strom?

Du kannst dir einen Stromkreis ein bisschen so vorstellen wie einen Wasserfall. Die Spannung ist so etwas wie der Unterschied zwischen dem oberen See und dem unteren. Je größer dieser Unterschied ist, desto höher ist die Spannung.
Der Strom ist die Menge Wasser, die den Wasserfall hinunterfließt. Ganz egal wie hoch die Spannung ist, der Strom kann unterschiedlich groß sein: Ist er groß, fließt viel Wasser hinunter. Ist er gering, dann fließt nur ein kleines Rinnsal den Wasserfall hinab.

Zum Basteln

Bau dir ein elektrisches Geschicklichkeitsspiel

Das brauchst du:

- Blumendraht und Schere
- Etwas Styropor
- Eine Batterie
- Mehrere Kabel
- Eine Glühlampe oder einen Summer

Forme aus einem Stück Blumendraht eine Schlaufe. Das Ende der Schlaufe verbindest du über ein langes Kabel mit der Batterie. Forme nun aus Blumendraht eine Welle und stecke die beiden Enden in das Styropor. Ein Ende steckst du vorher durch die Schlaufe des anderen Blumendrahts. Jetzt verbindest du ein Ende dieser Drahtwelle mit der Glühlampe und die Glühlampe mit der Batterie. Nun kannst du deine Geschicklichkeit testen: Fahre mit der Schlaufe die Welle entlang. Wenn du den Draht berührst, leuchtet die Lampe!

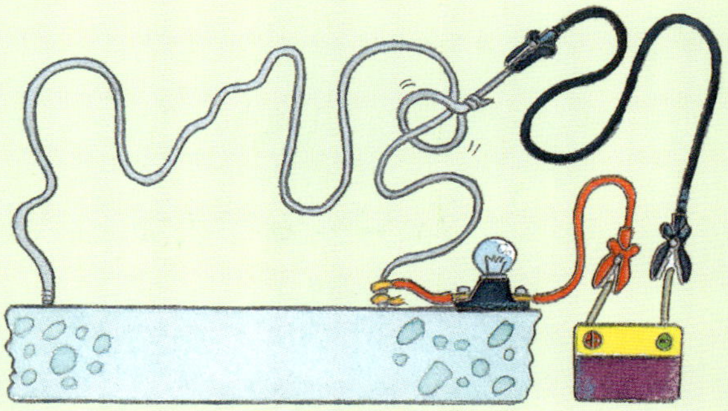

Noch mehr Spaß macht es, wenn du statt der Lampe einen Summer oder eine Klingel in den Stromkreis einbaust. Dann hörst du, wie geschickt du bist. Du kannst den Draht auch in kompliziertere Formen biegen.
Teste auch deine Eltern und Freunde – wer ist der Geschickteste?

Wie kommt der Strom vom Kraftwerk ins Haus?

Wenn du zu Hause ein elektrisches Gerät anschließt, steckst du den Stecker in die Steckdose und nutzt den Strom aus der Leitung. Produziert wird der Strom aber im Kraftwerk. Weißt du, wie er von dort zu dir transportiert wird?

Versuch

Stromtransport

Das brauchst du:

- Eine Batterie (Flachbatterie)
- Mehrere Stück Isolierdraht, an den Enden jeweils 1–2 cm abisoliert, (jeweils ca. 10–15 cm lang) oder mehrere Kabel mit Krokodilklemmen
- Glühlampe (Fahrradlämpchen) mit Fassung
- Verschiedene Gegenstände aus deinem Zimmer oder der Küche

Baue einen Stromkreis mit einer Batterie, zwei Kabeln und einer Glühbirne. Löse nun eine Klemme von der Batterie und halte verschiedene Gegenstände zwischen die Klemme und den Anschluss der

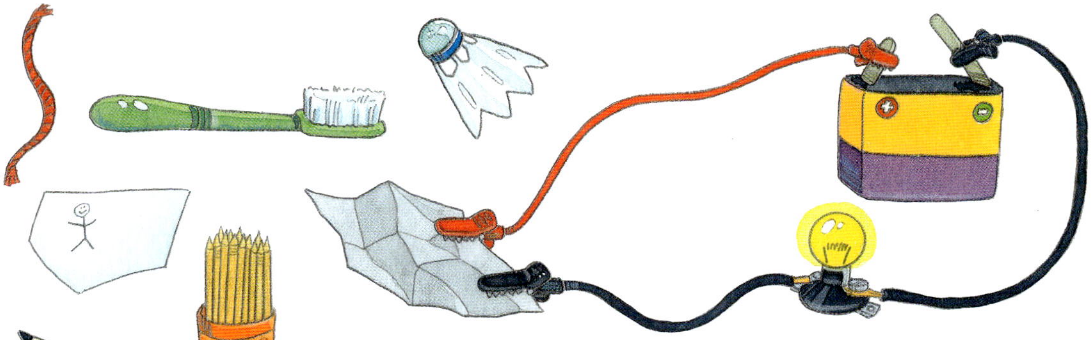

Batterie, sodass der Stromkreis wieder geschlossen ist. Nimm z. B. einen Zahnstocher, eine Büroklammer, ein Stück Papier, ein Stück Alufolie, eine Münze oder einen Strohhalm.

Wann leuchtet die Glühbirne?

Das Lämpchen leuchtet nur, wenn ein Metall zwischen den beiden Anschlüssen steckt. Metalle leiten den Strom, daher heißen sie **Leiter,** Nicht-Metalle wie Holz oder Plastik leiten den Strom nicht. Sie heißen Nichtleiter oder **Isolatoren.** Stromteilchen, also die Elektronen, können nicht in allen Materialien wandern. Sie brauchen ein Metall dazu. Deshalb sind alle Metalle elektrische Leiter und alle Materialien, die kein Metall sind, leiten auch keinen Strom. In diesen gibt es zwar auch Elektronen, aber sie können sich nicht so gut wie in Metallen bewegen.

Zum Staunen

Hochspannung ganz spannend

Wenn der Strom aus dem Elektrizitätswerk kommt, hat er meistens 220.000 V, das sind 220 Kilovolt. Über Hochspannungsleitungen wird der Strom dorthin transportiert, wo man ihn braucht. Meist benötigt man aber eine deutlich kleinere Spannung. Deshalb muss der Strom um**gespannt** werden, d. h., die Spannung wird verändert. Dazu führt man die Leitungen in Umspannwerke und Trafohäuschen. Dort wird die Spannung verkleinert, in Europa auf 220 V.

Vom Trafohäuschen wird der Strom meistens in unterirdischen Leitungen zu den Fabriken und Häusern transportiert. Der Strom aus der Steckdose hat also 220 V. Das ist zwar 1.000-mal weniger als in den Hochspannungsleitungen, aber immer noch viel mehr als in einer Batterie – diese haben meistens eine Spannung von 1,5 V oder 4,5 V.

Deshalb darf man niemals mit Strom aus der Steckdose experimentieren, sondern nur mit Batterien.

Wie funktioniert die Weihnachtsbaumbeleuchtung?

Habt ihr an Weihnachten auch eine Lichterkette am Weihnachtsbaum? Was passiert, wenn ein Lämpchen kaputtgeht? Leuchtet dann die ganze Lichterkette nicht mehr, gehen nur einige Lämpchen aus oder bleibt nur eine Lampe dunkel?

Versuch

Reihenschaltung

Das brauchst du:

- Zwei Batterien (am besten Flachbatterien)
- Mehrere Stück Isolierdraht, an den Enden jeweils 1–2 cm abisoliert (jeweils ca. 10–15 cm lang), oder mehrere Kabel mit Krokodilklemmen
- Mehrere Glühlampen (Fahrradlämpchen) mit Fassung (mindestens zwei)

Baue einen Stromkreis mit einer Lampe auf. Nun fügst du noch eine oder zwei Lampen in den Stromkreis ein, genau wie in der Skizze gezeigt. Was fällt dir auf? Genau! Zwei Lampen leuchten weniger hell als eine Lampe und drei Lampen sind noch dunkler.

Was passiert, wenn du eine Glühlampe aus der Fassung herausdrehst?

Dann brennt keines der Lämpchen mehr – der Stromkreis ist unterbrochen.

Bei einer Reihenschaltung befinden sich alle Glühlampen in einer Reihe hintereinander. Jedes Stromteilchen fließt durch alle Lampen. Deshalb leuchten zwei Lampen jeweils nur halb so hell wie eine Lampe, drei Lampen jeweils nur ein Drittel so hell wie eine und vier Lampen nur ein Viertel so hell wie eine Lampe.
Dreht man eine Lampe aus ihrer Fassung, wird der Stromkreis unterbrochen und keine der Lampen leuchtet.

Und wie lassen sich Schaltungen darstellen?

Wenn Ingenieure einander eine Schaltung zeigen wollen, dann bauen sie sie nicht immer auf, sondern fertigen nur eine Zeichnung an. Dabei verwenden sie Symbole für die einzelnen Teile des Stromkreises, z. B. einen Strich für ein Kabel, einen dicken und einen dünnen Strich für die Batterie und einen Kreis mit einem Kreuz für eine Glühlampe.

Batterie Kabel Glühlampe

Die Zeichnung für eine Reihenschaltung würde dann so aussehen:

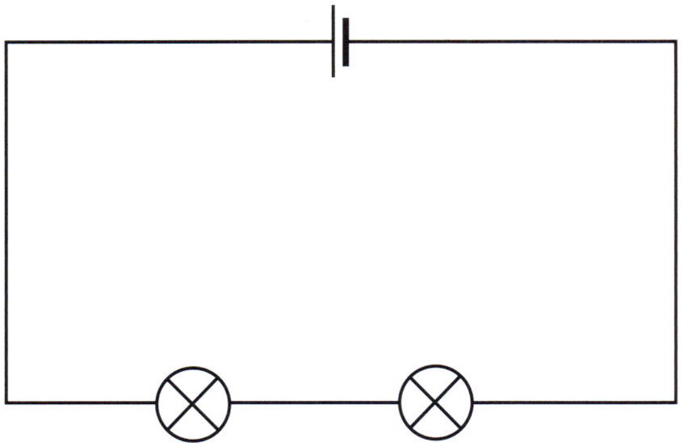

Versuch

Schalter bauen

Das brauchst du:

- Kleines Brettchen (ca. 5 x 3 cm)
- Zwei Reißnägel
- Batterie (am besten Flachbatterie)
- Drei Isolierdrähte (oder Kabel mit Krokodilklemmen)
- Eine Glühlampe mit Fassung
- Eine Büroklammer aus Metall

Biege die Büroklammer auf und lege sie auf das Holzbrettchen. Drücke an der breiteren Biegung einen Reißnagel in das Brettchen, sodass die Büroklammer festgehalten wird. Drücke den zweiten Reißnagel in das Brettchen. Die Büroklammer soll dabei von einem Reißnagel zum anderen reichen. Verbinde einen der Reißnägel über ein Kabel mit der Batterie. Den zweiten Reißnagel verbindest du mit der Glühlampe. Dann schließt du den Kreis zwischen Batterie und Glühlampe mit dem dritten Kabel.

Mit der Büroklammer kannst du deinen Stromkreis nun wie mit einem Schalter öffnen und schließen.

Versuch

Parallelschaltung

Das brauchst du:

- Eine Batterie (am besten Flachbatterie)
- Mehrere Stück Isolierdraht, an den Enden jeweils 1–2 cm abisoliert (jeweils ca. 10–15 cm lang), oder mehrere Kabel mit Krokodilklemmen
- Mehrere Glühlampen (Fahrradlämpchen) mit Fassung (mindestens zwei)

Schließe wieder eine Lampe sowie eine zweite Lampe direkt an die Batterie an, wie in der Grafik gezeigt wird. Fällt dir etwas auf? Leuchten die Lampen jetzt weniger hell?
Was passiert, wenn du noch eine dritte Lampe an die Batterie anschließt? Wie hell leuchten die Lampen jetzt?

Was passiert, wenn du eine der Glühlampen aus der Fassung drehst?

Jede Lampe ist direkt über einen Draht mit der Batterie verbunden, sie hat also ihren eigenen Stromkreis. Deshalb leuchten auch alle Lampen so hell, als wäre nur eine Lampe im Stromkreis. Und wenn man eine Lampe aus der Fassung dreht, leuchten die anderen weiter, denn ihr Stromkreis wurde ja nicht unterbrochen.
Was passiert, wenn du den Stromkreis so wie in der Skizze aufbaust? Wie leuchten die Lämpchen nun?

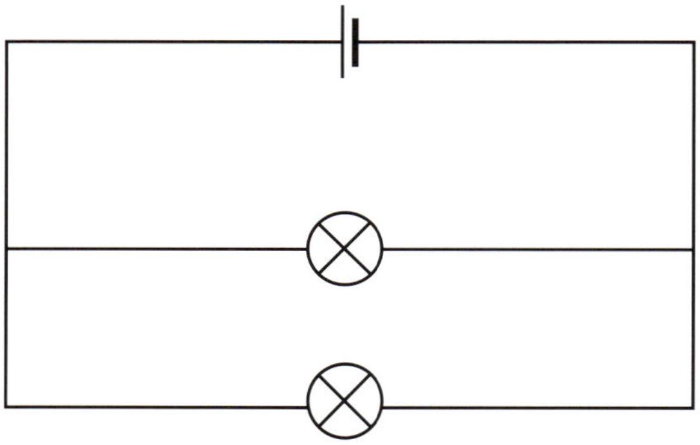

Alle Lampen leuchten gleich hell. Warum? Den Stromteilchen ist völlig egal, ob der Draht direkt an der Batterie oder am Metall der vorherigen Lampenfassung angeschlossen ist. Sie wandern so schnell durch den Draht, dass man gar nicht bemerkt, dass ihr Weg ein Stück länger ist. Baut man also die Schaltung wie in der Skizze gezeigt auf, nennt man das eine Parallelschaltung: Alle Glühlampen sind parallel zueinander angeordnet.
Dabei leuchten die Lampen heller als bei einer Reihenschaltung, es wird aber auch mehr Strom verbraucht und die Batterie ist schneller leer.

Alte Weihnachtsbaumbeleuchtungen waren mit einer Reihenschaltung aufgebaut. Das war oft ganz praktisch: Wollte man die Beleuchtung ausschalten, brauchte man einfach nur eine Lampe aus der Fassung drehen. Schon war der Stromkreis unterbrochen und die Beleuchtung abgestellt. Allerdings funktionierte die ganze Anlage nicht mehr, wenn nur eine Lampe kaputt war.
Neuere Weihnachtsbaumbeleuchtungen haben eine Kombination aus Reihen- und Parallelschaltung. Meistens sind acht Lampen in Reihe geschaltet. Geht jetzt eine Lampe kaputt, leuchtet nur dieser Teil der Lichterkette nicht und man muss nicht alle Lampen kontrollieren.

Richtig komplizierte Schaltungen gibt es auf Schaltkreisen, die man zum Beispiel in Computer einbaut. Dabei werden auf einer Platte von der Größe eines halben A4-Blattes Tausende von Leitungen und Bauteilen untergebracht.

Versuch

Schaltungsspiele

Das brauchst du:

- Eine Batterie (am besten Flachbatterie)
- Mehrere Stück Isolierdraht, an den Enden jeweils 1–2 cm abisoliert (jeweils ca. 10–15 cm lang), oder mehrere Kabel mit Krokodilklemmen
- Drei Glühlampen mit Fassung

Kannst du nach folgenden Schaltbildern Schaltungen aufbauen?

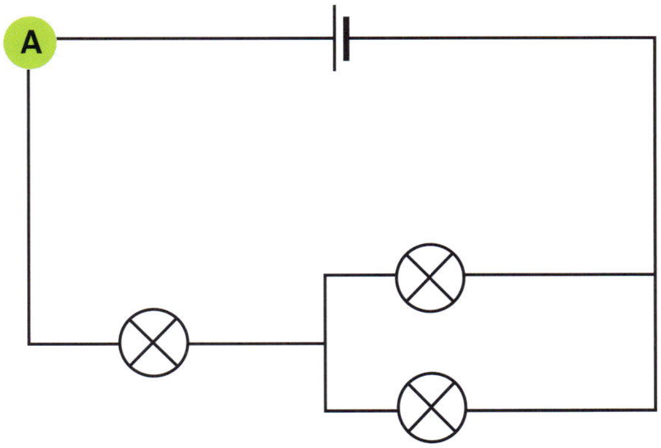

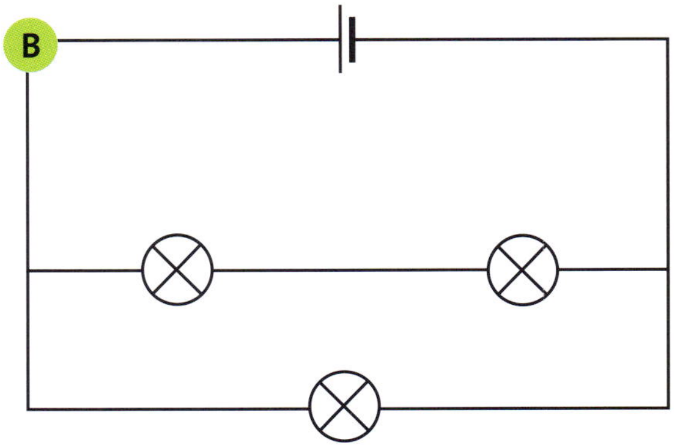

Wie hell leuchten die Lampen jetzt? Alle gleich hell oder gibt es Unterschiede? Welche Lampe kannst du herausdrehen, ohne dass die anderen beiden ausgehen?
Die Auflösung findest du auf Seite 95.

Woher kommt das Licht?

Für manche Menschen ist die Glühlampe eine der bedeutendsten Erfindungen aller Zeiten. Bevor es Glühlampen gab, war das Feuer die wichtigste Lichtquelle – und es war natürlich auch eine Wärmequelle.

Versuch

Draht zum Glühen bringen

Das brauchst du:

- Kerze
- Zündhölzer
- Holzklammer
- Ein Stück Blumendraht

Biege aus dem Blumendraht eine Schlaufe und halte die Enden mit der Holzklammer fest. Jetzt zündest du die Kerze an und hältst die Drahtschlaufe in die Kerze. Siehst du, wie der Draht heiß wird und rot-orange zu glühen beginnt?

Drähte leuchten, wenn sie heiß werden. Auch bei einer Glühlampe wird der feine Draht im Inneren heiß und dadurch leuchtet sie.

Für Eltern

Thomas Alfa Edison – der Erfinder der Glühlampe

Thomas Alfa Edison interessierte sich schon als Junge für Experimente und technische Erfindungen. Er arbeitete als Verkäufer in einem Zug und der Zugführer erlaubte ihm, in einer Ecke eines Güterwagens ein Labor einzurichten. Später arbeitete er als Telegrafenbediener und schickte Nachrichten mit Morsezeichen von einem Ort zum anderen. Schon zu diesem Zeitpunkt versuchte er immer wieder, technische Geräte zu verbessern – und machte dabei mehr als 2.000 Erfindungen. Seine allerwichtigste Erfindung war natürlich die Glühlampe. Aber er hat nicht nur die Glühlampe erfunden, sondern sorgte auch dafür, dass Strom in die Häuser der Menschen kam.
Neben den von Thomas Alva Edison entwickelten Glühlampen wurden in der ersten Hälfte des 20. Jahrhunderts Leuchtstoffröhren entwickelt. Sie bestehen aus einer Glasröhre, die mit einem Gas gefüllt ist. Dieses Gas wird beim Einschalten elektrisch leitend und sendet dadurch Licht aus. Die heute oft verwendeten Energiesparlampen sind nichts weiter als kleine, kompakte Leuchtstofflampen. Sie verbrauchen deutlich weniger Strom, leuchten heller und halten länger als normale Glühlampen, außerdem werden sie nicht so heiß.

Zum Basteln

Kerzen tauchen

Das brauchst du:
- Kerzendochte und Wachsplättchen (aus dem Bastelladen)
- Großer Kochtopf mit Wasser
- Eine oder mehrere alte Blechdosen

Stelle den Wassertopf auf den Herd und erhitze das Wasser. In die Blechdose schüttest du die Wachsplättchen. Du kannst auch verschiedene Farben in unterschiedliche Blechdosen füllen. Stelle nun die Blechdosen in den Wassertopf. Wenn das Wasser heiß wird, schmilzt das Wachs.

Halte nun den Docht oben fest und tauche ihn in die Blechdose. Mache das vorsichtig mehrere Male hintereinander, bis die Kerze immer dicker wird. Das geht am besten, wenn du dazwischen immer wieder kurz abwartest, dass das Wachs trocknet. Das geht aber sehr schnell.
Wenn du mehrere Farben hast, kannst du auch unterschiedliche Farbschichten aufbringen.

Warum darf man bei Gewitter nicht baden?

Warst du schon einmal im Sommer beim Baden, als sich am Himmel ein Gewitter zusammenbraute und in der Ferne Blitze zuckten? Bei solchem Wetter geht niemand mehr ins Wasser, sondern alle eilen nach Hause. Aber warum sind Gewitter am Badesee gefährlich?

Versuch

Leitet Wasser Strom?

Das brauchst du:

- Eine Batterie (Flachbatterie)
- Mehrere Stück Isolierdraht, an den Enden jeweils 1–2 cm abisoliert (jeweils ca. 10–15 cm lang), oder mehrere Kabel mit Krokodilklemmen
- Glühlampe (Fahrradlämpchen) mit Fassung
- Schale mit Wasser
- Salz
- Löffel

Baue einen Stromkreis mit einer Batterie, zwei Kabeln und einer Glühbirne. Trenne nun eine Klemme von der Batterie und schließe ein weiteres Kabel an, sodass du zwei leere Kabelenden hast.

Stecke die beiden freien Kabelenden in das Schälchen mit dem Wasser, achte aber darauf, dass sich die Kabel unter Wasser nicht berühren. Leuchtet die Glühlampe jetzt? Nein! Im Wasser sind nicht genug Stromteilchen vorhanden.
Schütte nun etwas Salz ins Wasser, rühre um und teste erneut, ob die Glühlampe leuchtet. Wenn sie noch nicht leuchtet, schütte noch mehr Salz hinzu.

Im Wasser können ebenfalls Stromteilchen wandern, hier nennt man sie Ionen. Im Leitungswasser sind nur wenige Ionen vorhanden, sodass nur wenig Strom fließt. Enthält das Wasser aber z. B. Salz, kann deutlich mehr Strom fließen. Wäre man also im Wasser baden, würde man bei einem Blitzschlag einen Stromschlag bekommen.

Weil in einem Blitz eine riesige Menge Elektrizität steckt, ist schon die geringe Anzahl von Stromteilchen (Ionen) im Wasser ausreichend, damit sie zu wandern beginnen. Außerdem enthalten Seen und Meere auch immer andere Stoffe, z. B. Salz, die den Strom leichter fließen lassen. Auch der Strom aus der Steckdose ist so stark, dass er in Leitungswasser fließt. Deshalb dürfen elektrische Geräte niemals ins Wasser geworfen werden – Vorsicht also mit Elektrogeräten im Badezimmer.

Für Eltern

Was passiert bei einem Stromschlag?

Vorsicht beim Umgang mit Strom! Strom kann gefährlich sein. Immer wieder passieren schwere und manchmal sogar tödliche Unfälle.
Wenn ein Mensch in einen Stromkreis gerät, fließt der Strom durch den Menschen hindurch, denn auch wir Menschen enthalten leitende Flüssigkeiten wie Wasser, Blut und Zellflüssigkeit. Das kann man schon als heftiges Kribbeln merken, wenn man aus Versehen an einen Weidezaun fasst. Wenn mehr Strom fließt, z. B. aus der Steckdose oder gar bei einem Blitzschlag, ziehen sich Muskeln zusammen. Dann kann man sich nicht mehr bewegen. Weil wir zum Atmen Muskeln brauchen und das Herz auch ein Muskel ist, kann ein Stromschlag zu Atemnot und Herzstillstand führen.

Versuch

Luftballonblitze

Das brauchst du:

- Einen Freund
- Luftballon
- Wollpullover

Am besten verdunkelt ihr den Raum für diesen Versuch. Reibe den Ballon am Wollpullover oder an deinen Haaren mindestens 20-mal hin und her. Halte ihn dabei mit beiden Händen fest. Nun halte den Ballon vor dich und lasse deinen Freund langsam mit dem Zeigefinger näher kommen. Was merkt ihr?
Genau, ein kleiner Blitz zuckt auf, dein Freund zuckt wahrscheinlich zurück und ihr hört ein leises Geräusch.

Wie ist das passiert?
Der Luftballon wird durch das Reiben aufgeladen. Das bedeutet, dass die Elektronen (also die negativen Teilchen) im Ballon an die Stelle wandern, an der gerieben wurde. Dadurch gibt es mehr negative Teilchen an einer Stelle. Dieses Ungleichgewicht wird ausgeglichen, wenn der Finger deines Freundes in die Nähe dieser Stelle kommt. Die Elektronen „hüpfen“ schlagartig zu deinem Freund und über ihn in die Erde.

Das Gleiche passiert bei einem Gewitter. Wenn die warme Luft in einer Wolke schnell aufsteigt, reißt sie dabei Wassertröpfchen und Eiskristalle mit nach oben. Diese reiben an anderen Wassertröpfchen und Eiskristallen und werden dadurch aufgeladen.
In der Wolke sammeln sich an einer Stelle die Elektronen. Dieses Ungleichgewicht wird aufgelöst, indem die Elektronen schlagartig zu einer Stelle wandern, an der Elektronen fehlen. Das sehen wir als Blitz. Dieser zuckt manchmal zwischen den Wolken, innerhalb einer Wolke oder von der Wolke zur Erde.

Warum blitzt es zuerst und dann hören wir den Donner?

Durch einen Blitz wird die Luft ganz heiß und dehnt sich sehr schnell aus. Dieses Ausdehnen hören wir als Donner. Das Licht des Blitzes bewegt sich jedoch viel schneller als der Schall. Es kommt in einer Sekunde 300.000 km voran, der Schall nur 330 m.
Wenn du den Blitz siehst und dann die Sekunden zählst, bis du den Donner hörst, dann weißt du, wie viele Meter entfernt der Blitz am Himmel zuckte. Dabei musst du die Sekunden mit 330 multiplizieren und bekommst dein Ergebnis in „Metern“. 330 Meter sind ungefähr $^1/_3$ von einem Kilometer. Deshalb kannst du die Sekunden auch einfach durch 3 dividieren und so ganz leicht die ungefähre Strecke in Kilometern ausrechnen, die der Blitz von dir entfernt war.

Schüttle deine Büroklammernschlange so, dass sie auseinanderfällt. Und dann teste, ob die Büroklammern immer noch wie Magnete wirken.
Das tun sie nicht. Doch warum? Wie haben sie ihre magnetische Kraft wieder verloren?

Alle magnetischen Metalle bestehen aus einer Art „Minimagneten“. Die kleinen Teilchen, aus denen diese Metalle bestehen, sind selbst magnetisch. Deshalb bilden sie alle zusammen einen Magneten, dessen magnetische Kraft wir spüren können.

Zum Basteln

Magnetische Schmetterlinge

Das brauchst du:

- Metall-Büroklammer
- Magnet
- Papier und Farben

Schneide aus Papier Schmetterlinge aus. Male sie an und klebe eine Metall-Büroklammer auf die Rückseite. Male auf ein großes Papier eine bunte Blumenwiese. Halte nun deinen Magneten von hinten dagegen und lasse deinen Schmetterling über die Wiese fliegen.

Versuch

Magnetbox

Das brauchst du:

- Schuhkarton mit Deckel
- Bausteine, am besten Quader

Wenn du die Bausteine einfach in einen Schuhkarton wirfst, wie liegen sie dann darin?
Völlig durcheinander. Jetzt stelle dir vor, dein Schuhkarton ist eine Büroklammer oder ein Nagel aus Eisen. Die Bausteine sind die Minimagnete in der Büroklammer oder im Nagel.
Wenn du einen Magneten an die Büroklammer hältst, richten sich die Minimagnete in der Büroklammer aus. Sortiere also die Bausteine im Schuhkarton so, dass sie alle in einer Richtung ausgerichtet sind.

Und was passiert, wenn die magnetisierte Büroklammer oder der Nagel herunterfallen? Die Minimagnete purzeln wieder durcheinander.
Verschließe den Schuhkarton mit dem Deckel und schüttele den Karton kräftig. Die Bausteine, also unsere „Minimagnete“, sind wieder alle durcheinandergeraten. Passiert das in der Büroklammer oder im Nagel, dann sind sie nicht mehr magnetisch.

Den Namen „Magnetit" benutzen die Menschen schon sehr lange für Steine, die Eisen anziehen. Später hat sich daraus der Name Magnet entwickelt.

Woher hat der Magnet seinen Namen?

Seit vielen Jahren erzählt man sich eine Geschichte auf den Inseln und an den Ufern des Meeres zwischen Griechenland und der Türkei über einen geheimnisvollen Stein:

Vor langer, langer Zeit weidete ein Hirte mit dem Namen Magnes seine Schafe auf dem Berg Ida. Der Berg Ida liegt in der heutigen Türkei, nicht weit von der Küste des Ägäischen Meeres entfernt.

Jeden Morgen, wenn Magnes mit den ersten Sonnenstrahlen erwachte, nahm er seinen Hirtenstab, schnürte seine Bergschuhe und wanderte gemächlichen Schrittes bergauf und bergab. Immer wieder ließ er sich im Schatten eines Johannisbrotbaums nieder und gab seinen Schafen Zeit, die frischen Kräuter zwischen den schroffen Felsen zu äsen. Es duftete nach Thymian, Oregano und Rosmarin. Gedankenverloren schloss er die Augen und lauschte dem Wind, der durch das Laub strich.

Eines Tages, als Magnes wieder einmal nach ein paar Stunden Pause weiterzog, geschah etwas sehr Seltsames. Er schritt durch eine Verengung der Felsen und gelangte auf eine steinige Anhöhe, von der man einen wunderbaren Blick über das in der Sonne glitzernde Wasser des Meeres hatte. Er machte einen großen Schritt auf den Rand der Anhöhe zu und setzte seinen Hirtenstab mit der Eisenspitze auf einen Stein. Plötzlich schien der Stab dort festzustecken. Er ließ sich nicht mehr abheben.

Magnes schaute verwundert zu Boden. Er konnte keinen Spalt und keine Öffnung im Stein erkennen. Ungeduldig zog und zerrte er an seinem Stab. Aber dieser wollte und wollte sich nicht bewegen. Der Stein hielt den Stab so fest, als hätte ihn jemand festgeklebt. Aber natürlich konnte das nicht sein. Es musste eine geheimnisvolle Kraft im Stein sein, die den Hirtenstab so fest anzog.

Wahrscheinlich muss ich nur fester ziehen, dachte Magnes, und um sich mit seinem ganzen Gewicht dagegenstemmen zu können, wollte er seinen Fuß auf den Stein setzen. Doch was geschah jetzt? Als Magnes seinen Fuß anhob und ihn dem Stein näherte, lösten sich die kleinen Nägel, die die Sohlen seiner Schuhe zusammenhielten. Wie von Geisterhand flogen sie zu dem Stein und blieben an ihm haften.

Völlig verängstigt ließ Magnes den Hirtenstab los und sprang zurück. Hier mussten wirklich göttliche Kräfte am Werk sein. Ehrfürchtig kniete er nieder und bat die Götter um Vergebung. Er hatte sich nicht mit ihrer Kraft messen wollen. Unsicher trieb er seine Schafe zusammen und wanderte auf kürzestem Wege mit nur einem Schuh und ohne Hirtenstab zurück in sein Dorf, um von dem wundersamen Stein zu berichten.

Seit diesem Tag nennt man den Stein, der die Kraft hat, Eisen an sich zu ziehen, Magnetit.

Sonja Stuchtey nach einer Erzählung
von Plinius dem Älteren

Wie findet man sich mitten auf dem Meer zurecht?

Schon früh erkannte man, dass man sich anhand des Erdmagnetfeldes orientieren konnte: Nämlich mithilfe des Kompasses! Besonders wichtig war dieser für die Seeleute auf dem offenen Meer, denn dort gab es sonst keine Orientierungspunkte.

Versuch

Magnetpole finden

Das brauchst du:

- Zwei Stabmagnete
- Einige Büroklammern

Halte einen Stabmagneten mal mit der einen, mal mit der anderen Seite in Häufchen aus Büroklammern. Gibt es einen Unterschied? Werden die Büroklammern von beiden Seiten gleichermaßen angezogen?

Nimm einen zweiten Stabmagneten zur Hand und halte die beiden Stabmagnete mit den Enden aneinander. Nun drehe einen der beiden Stabmagneten um und halte die Enden wieder aneinander. Was spürst du?

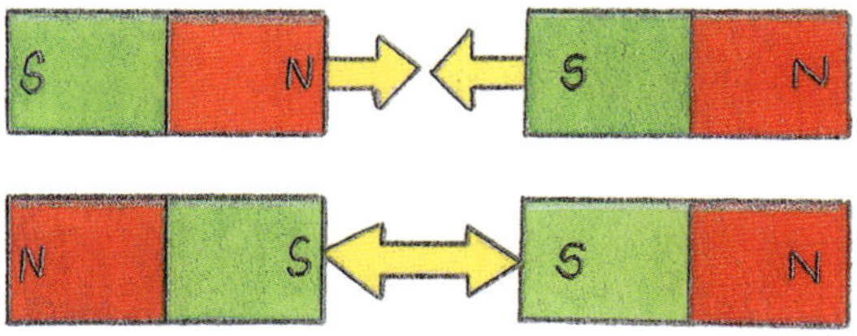

Beide Seiten der Magnete ziehen eisenhaltige Gegenstände gleich gut an. Hält man sie aber gegeneinander, so stoßen sie sich mal ab, mal ziehen sie sich an. Gleichartige Seiten stoßen sich ab – gegensätzliche Seiten ziehen sich an.

Meist sind die beiden Enden eines Magneten farblich oder mit Buchstaben gekennzeichnet. Eine Seite wird als Nordpol gekennzeichnet und oft mit N oder in Rot markiert. Die andere Seite bezeichnet man entsprechend als Südpol. Sie wird mit S oder grün gekennzeichnet. Auch auf der Erde gibt es einen Nord- und einen Südpol. Schon früher wussten Seefahrer, dass sich eine Magnetitnadel immer in Nord-Süd-Richtung ausrichtet. Deshalb haben sie das Ende, das nach Norden zeigt, als Nordpol bezeichnet.

Für Eltern

Da das flüssige Eisen für das Magnetfeld sorgt und da es sich bewegt, kann sich im Laufe von Jahrtausenden das Magnetfeld der Erde verändern, ja sogar umdrehen. Das letzte Mal hat sich das Erdmagnetfeld vor 780.000 Jahren umgedreht und Forscher vermuten, dass es sich im nächsten Jahrtausend (zwischen den Jahren 3000 und 4000) wieder umkehrt. Dann würde die Kompassnadel nach Süden und nicht mehr nach Norden zeigen.

Warum zeigt eine Kompassnadel nach Norden?

Mit einem Kompass kann man sich überall zurechtfinden: Die Magnetnadel zeigt immer nach Norden. Warum ist das so?

Die Erde enthält einen Kern aus Eisen. Und Eisen ist magnetisch.

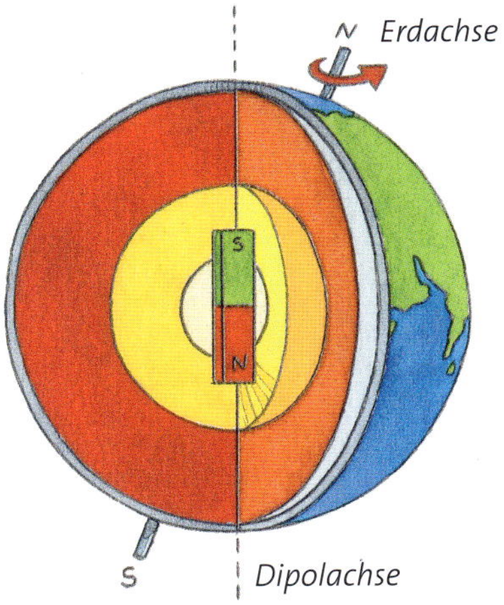

Das flüssige Eisen aus dem äußeren Erdkern sorgt dafür, dass die Erde von einem Magnetfeld umgeben ist. Unsere Erde ist also eigentlich ein riesiger Magnet. Deshalb richten sich alle anderen Magnete stets nach dem Erdmagnetfeld aus.

Weißt du noch, wie wir einen Nagel magnetisch gemacht haben? Indem wir einen Magneten darangehalten haben. War der Magnet weg, war der Nagel schnell nicht mehr magnetisch.
Etwas länger hält die magnetische Kraft, wenn man mit dem Magneten mehrfach der Länge nach am Nagel entlangfährt.

Versuch

Kompassbau

Das brauchst du:

- Schälchen von etwa 10 cm Durchmesser
- Wasser
- Stabmagneten
- Näh- oder Stopfnadel
- Korken
- Messer
- Etwas Klebeband

Streiche mit einem Magneten 30- bis 50-mal in einer Richtung über die Näh- oder Stopfnadel.

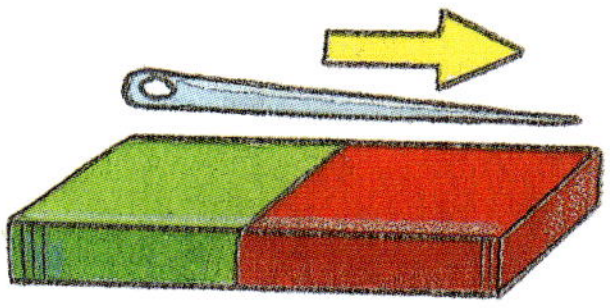

Fülle das Schälchen halb voll mit Wasser. Schneide eine etwa 2 bis 3 mm dicke Scheibe von dem Korken ab. Klebe die Nadel mit etwas Klebeband auf den Korken und lege ihn in die Schüssel.

Was passiert mit dem Korken? Und was geschieht, wenn du die Schüssel drehst oder woandershin stellst?

Der Korken dreht sich auf dem Wasser und bleibt dann in einer Position stehen. Auch wenn man die Schüssel dreht oder an einen anderen Ort transportiert, wird sich der Korken mit der Nadel wieder in die gleiche Richtung ausrichten. Die Nadel ist zum Magneten geworden, der vom Erdmagnetfeld beeinflusst wird. Sie zeigt die Nord-Süd-Richtung an.

Für Eltern

Geografischer und magnetischer Nord- und Südpol

Die Spitze des Kompasses, die in Richtung Norden zeigt, wurde früher als Nordpol bezeichnet. Damals wusste man aber noch nicht, woher Magnetismus kommt und wie er funktioniert. Erst später erkannte man, dass ein Nordpol einen Südpol anzieht. Somit ist am geografischen Nordpol eigentlich ein magnetischer Südpol.

Zum Basteln

Magnetischer Schlangentanz

Das brauchst du:

- Ein Stück leichten Stoff
- Schere
- Filzstifte
- Klebeband
- Metall-Büroklammer
- Magnet

Schneide zunächst aus dem Stoff ein etwa 10 cm langes und 1 bis 2 cm breites Stück ab. Ein Ende kannst du spitz zuschneiden. Jetzt bemalst du die Stoffschlange und klebst sie mit dem Klebeband am Tisch fest. Am Kopf der Schlange befestigst du dann die Büroklammer. Diese muss unbedingt aus Metall sein, sonst ist sie nicht magnetisch.
Mit dem Magneten kannst du deine Schlange nun zur Musik tanzen lassen.

Zum Staunen

Wie orientieren sich Zugvögel und Wale?

Auch Tiere orientieren sich am Magnetfeld der Erde. Wale z. B. haben einen inneren Kompass in ihrem Körper, dank dem sie den Weg zu den Futter- und Brutplätzen finden. Wenn sich das Magnetfeld verändert, kann es passieren, dass Wale zu nah an Küsten kommen und sogar stranden.
Auch Zugvögel, also Vögel, die im Winter eine warme Gegend aufsuchen, orientieren sich mithilfe des Erdmagnetfeldes. Sie haben so etwas wie einen Kompass im Auge. Dieser Kompass stellt sich auf die Flugrichtung ein, wenn die Sonne untergeht. Wenn sie dann in der Nacht losfliegen, „spüren" sie die Richtung. Dann fliegen die ältesten und erfahrensten Vögel voran und die jungen hinterher. So lernen die jungen Vögel jedes Jahr ein Stück mehr von der Landkarte. Manche Vögel fliegen dabei riesige Entfernungen, zum Beispiel von Europa nach Hawaii.

Wofür benutzt man Magnete?

Nicht nur im Alltag benutzen wir Magnete, auch in der Industrie werden sie an vielen Stellen eingesetzt. Viele Gegenstände werden aus magnetischem Material hergestellt, damit man ihre anziehende Wirkung auf Eisen ausnutzen kann.

Zum Ausprobieren

Kleiner Schraubenziehertrick

Nimm zwei kleine Schraubenzieher, eine passende kleine Schraube und eine passende Schraubenmutter. Streiche an einem der beiden Schraubenzieher mehrmals mit einem Magneten in einer Richtung entlang. Versuche nun, die Schraube in die Mutter zu drehen. Halte sie dafür so über deinen Kopf, dass der Schraubenkopf zu dir nach unten zeigt. Versuche es zuerst mit dem Schraubenzieher, der nicht magnetisiert wurde, dann mit dem magnetisierten. Mit welchem geht es leichter? Natürlich mit dem magnetischen, denn die Schraube bleibt an ihm haften und muss nicht von dir festgehalten werden.

Versuch

Magnetische Waage bauen

Das brauchst du:

- Zwei Stück Styropor, eines mit 6 x 6 x 4 cm und eines mit 7 x 6 x 4 cm Kantenlänge
- Einen großen Nagel
- Zwei kleine starke Magnete
- Vier Trinkhalme und vier Schaschlikspieße
- Zwei Reißnägel
- Klebeband

Lege das kleinere Styroporstück mittig auf das größere und stich an allen vier Ecken jeweils etwa 1,5 cm vom Rand entfernt ein Loch in die Blöcke. Erweitere die Löcher im oberen Block so, dass du jeweils einen Trinkhalm hineinstecken kannst. Schneide den Trinkhalm so ab, dass er unten bündig abschließt und oben etwas über den Rand hinaussteht. Markiere die Mitte der Blöcke und bohre in beide jeweils ein Loch, das der Größe deiner Magneten entspricht. Die Löcher müssen genau übereinander sein, da die Blöcke aufeinandergesetzt werden. Befestige die Magnete mit den Reißnägeln in den Löchern und sichere sie zusätzlich mit Klebeband. Achte darauf, dass die sich abstoßenden Seiten zueinanderzeigen. Jetzt steckst du die Schaschlikspieße durch die Trinkhalme in den unteren Block. Wenn du magst, kannst du auch noch eine Skala befestigen.

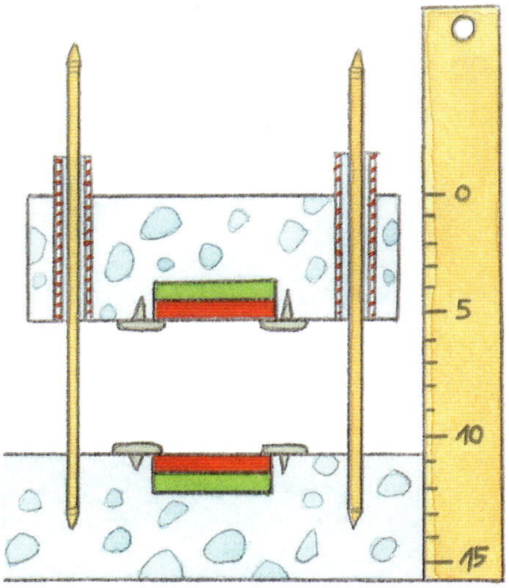

Die beiden Magnete stoßen sich stark ab, da gleiche Pole übereinanderliegen. Dadurch „schwebt" der obere Styroporblock über dem unteren. Wenn auf den oberen Block Gegenstände gelegt werden, drücken sie den Block nach unten, und zwar umso stärker, je schwerer sie sind.

Auch die Dichtgummis an den Kühlschranktüren sind magnetisch. Hier nutzt man die Anziehungskraft der Gummis auf den Metallrahmen des Kühlschrankgehäuses. Dadurch wird die Tür sehr dicht geschlossen und die kalte Luft bleibt im Kühlschrank.

Für Eltern

Ein wichtiger Magnet im Auto

Im Automotor ragt eine magnetische Schraube in den Vorratsbehälter für Schmieröl. Da beim Fahren die Kolben mit hoher Geschwindigkeit an den Zylinderflächen entlanggleiten, entsteht dort ein metallischer Abrieb. Damit dieser Abrieb keine Kratzer in der Zylinderwand hinterlässt, zieht die Schraube mithilfe der magnetischen Anziehung die Metallspäne aus dem Öl.

Wie kann ein Magnet seine Kraft verlieren?

Oft braucht man die Wirkung von Magneten, manchmal stört sie allerdings. Hast du schon einmal versucht, Eisenspäne von einem Magneten zu entfernen? Mithilfe von Elektrizität kann man Magnete bauen, die sich ein- und ausschalten lassen.

Auf Schrottplätzen kommen Elektrokräne zum Einsatz. Sie trennen verschiedene Metalle voneinander, d. h., sie können die eisenhaltigen Metalle von den anderen trennen. Diese Metalle werden dann einzeln eingeschmolzen, sodass man sie wiederverwenden kann. Um die Metalle zu trennen, verwendet man Magnete. Diese müssen sehr stark sein, denn häufig sind die Schrottteile schwer. Wenn Teile aber von starken Magneten angezogen werden, kann man sie auch nur schwer wieder davon lösen. Deshalb braucht man für diese Aufgabe Magnete, deren Kraft man ein- und ausschalten kann. Das funktioniert mit elektrischem Strom und deshalb nennt man solche Magnete Elektromagnete.

Versuch

Elektromagnete bauen

Das brauchst du:

- Eisennagel
- Flachbatterie
- Langes Stück Isolierdraht
- Einige Büroklammern

Umwickle den Eisennagel mit Draht und lasse an beiden Enden ungefähr 10 cm Draht überstehen. Entferne die Isolierung an den beiden Drahtenden auf etwa 2 cm Länge. Jetzt schließt du die beiden Drahtenden an die beiden Anschlüsse der Flachbatterie an. Halte nun den Kopf oder die Spitze des Nagels an die Büroklammern. Was passiert?

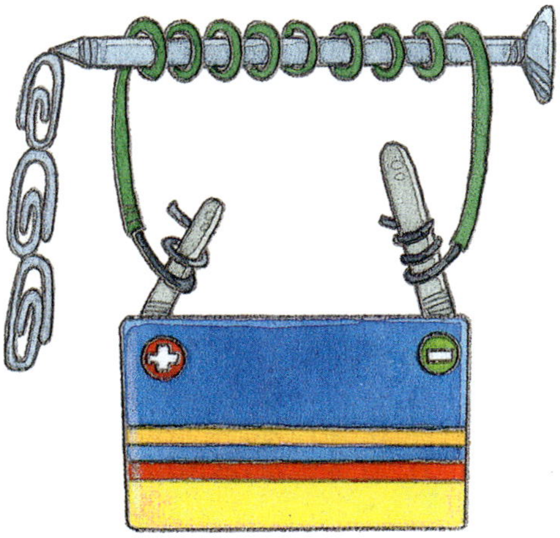

Wenn durch den Draht Strom fließt, wird der Nagel magnetisch. Das bedeutet, dass die „Minimagnete" im Nagel ausgerichtet werden und die Büroklammern anziehen. Was passiert, wenn du ein Drahtende von der Batterie entfernst? Dann wird der Stromkreis wieder unterbrochen und der Nagel ist nicht mehr magnetisch, d. h., er zieht die Büroklammern nicht mehr an. Aber Geduld! Manchmal kann das etwas dauern.

Wie viele Male hast du den Draht um den Nagel gewickelt? Wird der Nagel auch magnetisch, wenn du nur drei Wicklungen machst? Wie viele Büroklammern kann er anziehen, wenn du ihn ganz eng von vorne bis hinten umwickelst?

Probiere auch andere Batterien aus! Funktioniert das Experiment auch mit kleineren Batterien?

Elektromagnete kann man verschieden zusammenbauen: Braucht man mehr Kraft, muss man mehr Draht wickeln oder eine stärkere Batterie benutzen. Reicht weniger Kraft, wickelt man etwas Draht ab oder nimmt eine schwächere Batterie.

Elektromagnete werden nicht nur auf Schrottplätzen, in der Autoindustrie oder in großen Werkmaschinen eingesetzt. Du kannst dir auch selbst einen Elektrokran bauen. Hier ein Vorschlag:

Versuch

Elektrokran zum Selberbauen

Das brauchst du:

- Einen Spielzeugkran
- Klebeband
- Schere
- Etwa 3 m dünner Kupferdraht
- Eine Batterie (4,5 V)
- Einen Eisennagel
- Unterschiedliche Eisenteile (Büroklammern, Nägel, Münzen)
- Einen kleinen Schalter

Befestige die Batterie mit Klebeband auf deinem Kran. Eine Seite der Batterie verbindest du mit einem kurzen Stück Draht mit einem Anschluss am Schalter.
Wickle nun den Kupferdraht um den Eisennagel und lasse an den Enden jeweils ein langes Stück überhängen. Den Draht der einen Seite führst du über den Haken des Krans zu der Seite der Batterie, die nicht mit dem Schalter verbunden ist, und befestigst den Draht am freien Batterieanschluss. Den Draht der anderen Seite führst du zum freien Anschluss des Schalters. Wenn du den Schalter einschaltest, kannst du mit deinem Elektrokran eisenhaltige Teile aufsammeln.

Elektromagnete, die mithilfe von Strom ein- und ausgeschaltet werden, braucht man für jeden Lautsprecher. Egal ob in kleinen Kopfhörern oder großen Lautsprecherboxen, immer ist ein kleiner Elektromagnet auf einer dünnen Materialschicht aus Pappe oder Kunststoff, auch Membran genannt, aufgeklebt. Um den Elektromagneten herum befindet sich ein ringförmiger Magnet. Wird der Elektromagnet eingeschaltet, wird er vom Ringmagneten angezogen, wird er wieder ausgeschaltet, wird er auch wieder losgelassen. Dadurch bewegt sich die Membran und mit ihr die Luft über ihr. Diese Luftbewegung können wir dann als Töne hören.

Energieerzeugung

Wozu brauchen wir Energie?

Wenn wir etwas in Bewegung setzen wollen, brauchen wir Energie. Aber woher nehmen wir diese Energie? Wir können sie zum Beispiel aus Muskelkraft, Wasser, Wind oder Dampf gewinnen.

Wir alle brauchen Energie, um zu laufen, zu springen, zu denken, zu leben. Doch woher bekommen wir diese Energie? Na klar, durch unser Essen.
Die meiste Energie brauchen wir, wenn wir uns bewegen. Und durch Bewegung kann man auch Maschinen antreiben. Kennst du eine Maschine, die mit Muskelkraft angetrieben werden kann? Sicher fällt dir nicht nur eine ein! Denk nur an dein Fahrrad, an Roller und Skateboard. Aber auch Schraubenzieher, Schere oder Spaten funktionieren nur dank Muskelkraft.

Manche Arbeiten sind jedoch zu schwer, als dass die Kraft nur eines Menschen ausreichen würde. Früher mussten sich viele Menschen zusammen anstrengen, um die Geräte und Maschinen zu betreiben. Deshalb kamen die Menschen schon vor Jahrhunderten auf die Idee, die Kraft des Wassers und des Windes zu nutzen. Bestimmt hast du schon einmal ein Wasserrad oder eine Windmühle gesehen.

Die Bewegung des Wassers wurde schon früh eingesetzt, um Räder anzutreiben. Der Fluss drehte das Wasserrad und dieses war über Zahnräder mit Mühlsteinen verbunden. Auf diese Weise mahlten die Müller z. B. das Mehl. Ein Schmied konnte so aber auch Hämmer antreiben oder es wurden Sägen angetrieben, mit denen man Bäume zu Brettern zersägte.

Energie aus Windkraft

Genau wie die Wasserkraft haben die Menschen schon vor ungefähr 4.000 Jahren Windkraft genutzt: Statt vom Wasser wurde durch den Wind ein Rad in Bewegung gesetzt. In Windmühlen wurde diese Bewegung über Zahnräder auf den Mühlstein übertragen, der sich nun drehte. Der untere Mühlstein stand fest, während sich der obere auf ihm drehte und so das Getreide zu feinem Mehl mahlte.

Zum Basteln

Wasserrad bauen

Das brauchst du:

- Ein Vierkantholz (lang genug, um über z. B. einen Bach zu reichen)
- Vier Brettchen
- Zwei große Nägel
- Mehrere kleine Nägel
- Hammer
- Zwei Astgabeln

In die Stirnseiten des Vierkantholzes hämmerst du jeweils etwa 2 cm tief die beiden großen Nägel. Nagle nun die Brettchen an die vier Seiten des Vierkants. Das ist dein Wasserrad.

Suche dir jetzt zwei etwa gleich große Astgabeln, die stark genug sind, um dein Wasserrad zu halten. Nun rammst du die Astgabeln in den Boden eines Baches und legst dein Wasserrad auf die Gabeln. Jetzt kann das Wasser auf die Bretter fließen und sie dadurch vorwärtsschieben: Dein Wasserrad dreht sich.

Auch mit Dampf kann man eine Bewegung erzeugen und damit Räder antreiben. Bereits vor 300 Jahren haben mehrere Forscher eine erste Dampfmaschine gebaut – und noch heute sind Dampfmaschinen im Einsatz.

Versuch

Dampfboot

Das brauchst du:

- Holzbrettchen, am besten in Form eines Schiffes gesägt
- Drei Teelichter und etwas Klebstoff
- Vier Nägel und einen Hammer
- Zigarrenhülle aus Metall
- Blumendraht
- Korken und Messer
- Große Schüssel mit Wasser

Schneide den Korken so zu, dass er in die Zigarrenhülle passt, und stich ein Loch in den Korken. Fülle die Zigarrenhülle nun zur Hälfte mit Wasser und verschließe sie mit dem Korken. Schlage die Nägel in das Boot wie in der Zeichnung gezeigt und verbinde sie mit dem Blumendraht. Klebe die Teelichter etwa in die Mitte der Nägel auf das Brettchen. Setze die Zigarrenhülle auf die Halterung und das Boot aufs Wasser. Zünde die Teelichter an und warte eine Weile. Was passiert?

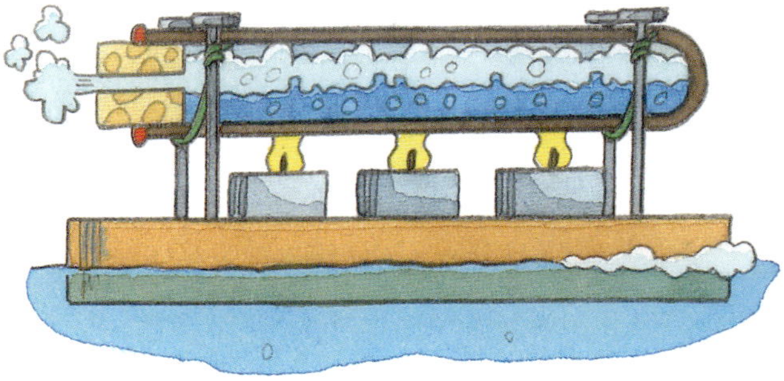

Es dauert ein bisschen, aber dann bewegt sich das Boot auf dem Wasser. Warum? Das Wasser in der Zigarrenhülle wird heiß und verdampft zu Wasserdampf. Dieser braucht mehr Platz als das Wasser und strömt deshalb nach draußen. Das kann er nur durch das kleine Loch im Korken. Dabei schiebt er das Boot vorwärts.

Viele Schiffe, die vor 200 Jahren über die Weltmeere gefahren sind, wurden mit großen Dampfmaschinen angetrieben. Dazu mussten sie riesige Mengen an Kohle mit auf die Reise nehmen. Die Heizer, die während der Fahrt die Kohlen in die Brennkammern der Dampfmaschinen werfen mussten, waren natürlich auch an Bord. Auch die Titanic war ein Dampfschiff, was man gut an den großen Schornsteinen erkennen konnte. Bestimmt hast du schon einmal ein Bild von der Titanic gesehen.

Dampflokomotiven

Die wohl bis heute faszinierendste und am meisten genutzte Anwendung der Dampfmaschinen waren die Dampflokomotiven. Wer kennt nicht die Geschichte von Jim und Lukas, den beiden Dampflokomotivführern, und wer ist nicht begeistert von den riesigen Lokomotiven, ihren runden Dampfkesseln, dem Zylinder und Kolben, dem Tender und dem charakteristischen Puffen und Pfeifen?
Die meisten Dampflokomotiven hatten sogar klingende Namen wie Rocket (Rakete), John Bull oder Adler.

Die erste Strecke für Dampflokomotiven wurde vor 200 Jahren zwischen Liverpool und Manchester gebaut. In Deutschland fuhr 1835 die erste Dampflok zwischen Nürnberg und Fürth. Auch in Amerika wurde der „Wilde Westen“ mit den „Feuerrössern“ erobert, mehr als 100 Jahre pfiffen sie dort durch die Lande.
Inzwischen wurden die alten Dampflokomotiven durch Züge mit starken Dieselmotoren ersetzt. Doch noch immer kann man an manchen Orten mit den historischen Dampfzügen einen Ausflug machen, z. B. an der Ostsee mit der „Molli“.

Zum Staunen

War James Watt der Erfinder der Dampfmaschine?

Nein und ja. Die ersten Ideen für Dampfmaschinen hatten verschiedene Forscher aus England und Frankreich. Der englische Schmied Thomas Newcomen hat als Erster eine „Feuermaschine“ gebaut. Diese bewegte mithilfe von Wasserdampf einen Kolben nach oben und unten. Sie hat so gut funktioniert, dass Leute, die Pumpen brauchten, diese Feuermaschinen benutzten.
James Watt kannte diese Maschinen, weil er an der Universität von Glasgow in Schottland viele technische Geräte für die Forscher reparierte. Als er einmal eine dieser Dampfmaschinen reparieren sollte, bemerkte er, dass sie noch nicht perfekt funktionierte. Also tüftelte er so lange, bis er sie so umgebaut hatte, dass sie leichter zu bedienen war und viel mehr Wasser pumpte als vorher.
Aber James Watt hat diese Feuermaschinen nicht nur verbessert, sondern er hat als Erster eine Dampfmaschine gebaut, die durch eine Kurbel eine drehende Bewegung erzeugte. Und das war dann die Grundlage für die erste Dampflok.

Woher kommt das Licht am Fahrrad?

Wenn du im Dunkeln Fahrrad fahren möchtest, brauchst du unbedingt ein Vorder- und ein Rücklicht, damit du auf der Straße gut gesehen wirst. Manche Fahrräder haben batteriebetriebene Lampen, aber viele erzeugen ihren Strom selbst.

Versuch

Dynamostrom

Das brauchst du:

- Dynamo vom Fahrrad oder aus dem Fahrradladen
- Zwei Kabel
- Glühlampe mit Fassung

Verbinde die beiden Anschlüsse des Dynamos mit der Glühlampe. Drehe nun langsam am Rädchen des Dynamos.

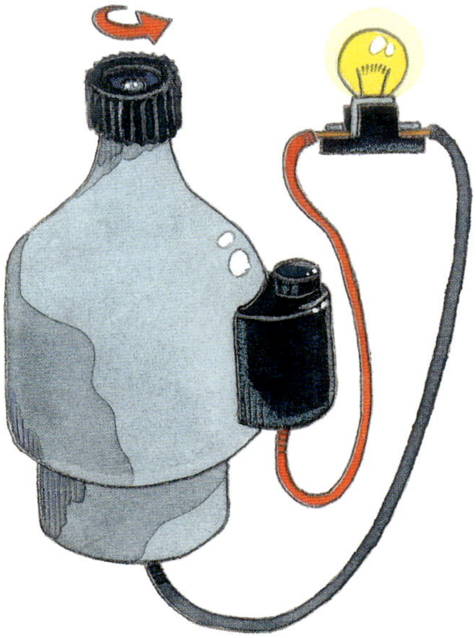

Leuchtet die Lampe? Was passiert, wenn du schneller drehst? Du kannst das Rädchen auch über den Tisch rollen.
Die Drehbewegung des Dynamos bringt die Glühlampe zum Leuchten. Je schneller du drehst, umso heller leuchtet das Lämpchen. Das ist beim Fahrrad genauso: Wenn du in die Pedale trittst, drehen sich die Räder und das Rädchen des Dynamos reibt am Vorder- oder Hinterrad. Je schneller du fährst, umso schneller drehen sich die Räder und umso heller leuchtet die Lampe. Aber was passiert, wenn du anhältst, z. B. an einer Ampel?
Dann steht auch das Rad still und der Dynamo wird nicht bewegt. Es wird kein Strom erzeugt und die Lampe leuchtet nicht. Damit man auch beim Halten gesehen wird, funktionieren inzwischen viele Fahrradlampen mit Batterien.

Für Eltern

Hans Christian Oersted

Der dänische Forscher Oersted hat vor fast 200 Jahren herausgefunden, dass ein Magnet reagiert, wenn Strom durch einen Draht fließt.
Das entdeckte er eher zufällig: Er hatte auf seinem Tisch einen Stromkreis gebaut und einer der Drähte rutschte auf einen Kompass, der auch auf dem Tisch lag. Die Kompassnadel bewegte sich! Seitdem nennt man diesen Versuch „Oersteds Versuch“.

Versuch

Oersteds Versuch

Das brauchst du:
- Kompass
- Flachbatterie
- Zwei Stück Isolierdraht
- Glühlampe mit Fassung

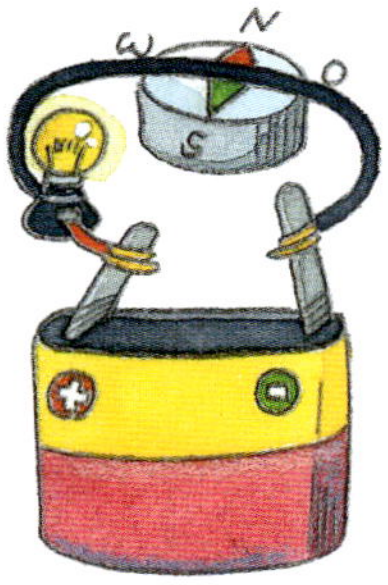

Baue einen Stromkreis aus einer Batterie, zwei Drähten und einer Glühlampe mit Fassung. Lege einen Kompass genau unter einen der Drähte. Löse einen Draht von der Batterie und beobachte dabei den Kompass.
Was passiert am Kompass, wenn du den Draht wieder an die Batterie hältst? Der Kompass zuckt jedes Mal, wenn der Stromkreis geschlossen oder geöffnet wird.

Die Kompassnadel ist ein Magnet, der sich entsprechend des Erdmagnetfeldes ausrichtet. Kommt man mit einem anderen Magneten dieser Kompassnadel näher, so wird sie von diesem Magneten abgelenkt. In Oersteds Versuch kam allerdings kein Magnet in die Nähe der Kompassnadel, sondern ein Draht, durch den Strom geflossen ist. Offensichtlich beeinflusst ein stromdurchflossener Draht die Magnetnadel ebenfalls. Es muss also eine magnetische Kraft entstehen, wenn Strom durch einen Draht fließt.
Zwischen Elektrizität und Magnetismus gibt es einen Zusammenhang!

Wer heute Naturwissenschaftler werden möchte, muss sich meistens für ein Spezialgebiet entscheiden. Noch vor mehr als 100 Jahren haben sich Forscher nicht nur einem Gebiet gewidmet, sondern viele verschiedene Dinge untersucht und erforscht.

Ist Strom magnetisch?

Als der kleine Hans Christian an einem heißen Sommertag im August 1777 auf der dänischen Ostseeinsel Langeland geboren wurde, war sein Vater sehr froh: Ihm gehörte nämlich die Apotheke auf dieser langen schmalen Insel, wie sie auch schon seinem Vater und seinem Großvater gehört hatte. Die Oersteds hatten lange auf ihr erstes Kind gewartet und endlich war gesichert, dass die Familientradition fortgeführt werden konnte und die Apotheke einen Erben hatte. So hatte der Vater auch nichts dagegen, dass Hans Christian und sein nur ein Jahr jüngerer Bruder Anders ihre ganze Kindheit über in der Apotheke spielten und die interessanten Gegenstände, Pulver und Flüssigkeiten untersuchten.

Mit zwölf Jahren allerdings wurde aus dem Spiel Ernst. Hans Christian musste seinem Vater immer öfter in der Apotheke helfen, da dieser inzwischen recht alt geworden war. Gegenüber der Arbeit in der Apotheke erschien beiden Söhnen das Leben als Prediger in einer Kirche viel besser. Also wollten Hans Christian und Anders lieber in den Dienst der Kirche eintreten.

Doch dann erinnerten sie sich daran, welche Freude das Forschen und Entdecken gemacht hat. So entschieden sie sich, doch Pharmazie, also die Lehre der Heilmittel, zu studieren.

Aber nicht Hans Christian, sondern Anders übernahm die Apotheke des Vaters. Hans Christian zog in die Hauptstadt Dänemarks, nach Kopenhagen, um Naturwissenschaftler zu werden. Dort studierte er Chemie, Physik und Astronomie. Dabei hatte er so viele verschiedene und interessante Ideen, dass der Rektor der Universität Kopenhagen ihm anbot, ein eigenes Labor für ihn einzurichten – und Hans Christian Oersted wurde Professor für Chemie und Physik.

Fast 50 Jahre lang experimentierte und forschte er in seinem Labor. Dabei untersuchte er Pflanzen genauso wie Salze und andere Materialien. Er fand zum Beispiel heraus, welcher Stoff im Pfeffer den scharfen Geschmack verursacht. Und er war der Erste, der das Metall Aluminium herstellte. Die Menschen waren von seinem silbernen Glanz begeistert. Dabei war es so leicht wie Papier. Deshalb ist es nicht verwunderlich, dass es damals mehr kostete als Gold.

Am meisten Spaß machten Oersted aber die Experimente zur Elektrizität. Er war davon begeistert, dass er bei manchen Stoffen eine elektrische Spannung messen konnte, wenn sie zusammengedrückt wurden. Die große Überraschung kam allerdings mit seinem Kompassexperiment: Zuerst glaubte er seinen Augen nicht und dachte, er hätte aus Versehen am Tisch gerüttelt. Aber als der Kompass sich immer und immer wieder genauso verhielt wie beim ersten Mal, war er davon überzeugt, dass es eine Verbindung zwischen Elektrizität und Magnetismus gab. Und dank diesen Erkenntnissen wurde er ein berühmter Naturwissenschaftler.

Wie wird Strom erzeugt?

Dass elektrischer Strom einen Magneten in Bewegung versetzt, hat Oerstedts Versuch gezeigt. Damit haben wir die Verbindung von Elektrizität und Magnetismus nachgewiesen. Aber kann auch ein Magnet Elektronen in Bewegung bringen?

Die Entdeckung von Herrn Oersted hat sich ein anderer Forscher, Herr Faraday, noch einmal genau durch den Kopf gehen lassen. Oersteds Kompassmagnet hat sich bewegt, und zwar jedes Mal, wenn Strom floss. Faraday fragte sich, ob das auch umgekehrt funktionierte. Könnte man nicht auch einfach einen Magneten bewegen und dadurch Strom erzeugen?
Also hat Faraday einen Draht gewickelt und darin einen Magneten bewegt.

Versuch

Generator

Das brauchst du:

- Einen langen Draht
- Leere Toilettenpapierrolle
- Hufeisenmagneten oder anderen Magneten
- Strommessgerät (am besten analog, gibt's im Elektrohandel)

Wickle den Draht ganz eng ungefähr zehn Mal um die Toilettenpapierrolle und lasse die Enden etwa 5 cm überstehen. Ziehe den Draht von der Rolle ab. Jetzt knickst du die Enden um und befestigst deine Spule so, dass sie frei hängt, z. B. an einer Türklinke. Nun brauchst du einen Erwachsenen oder einen Freund, denn einer muss die beiden Anschlüsse des Strommessgeräts an die beiden Kabelenden halten. Nimm jetzt den Magneten, stecke ihn in die Drahtschleife und ziehe ihn wieder heraus.

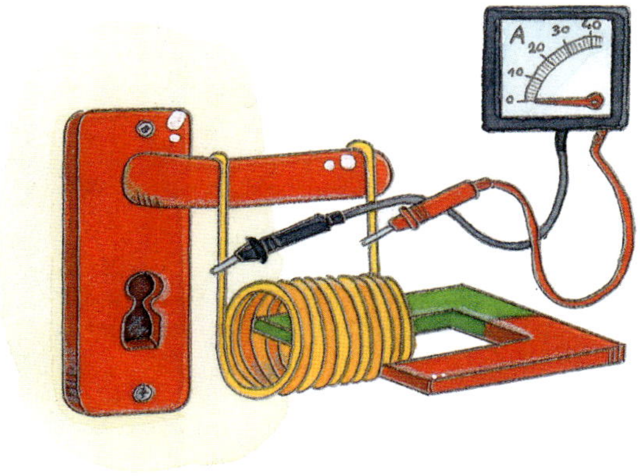

Was passiert? Der Zeiger am Messgerät beginnt zu wackeln.
Und was passiert, wenn du den Magneten ganz oft hin- und herbewegst? Wackelt der Zeiger genauso oft hin und her?

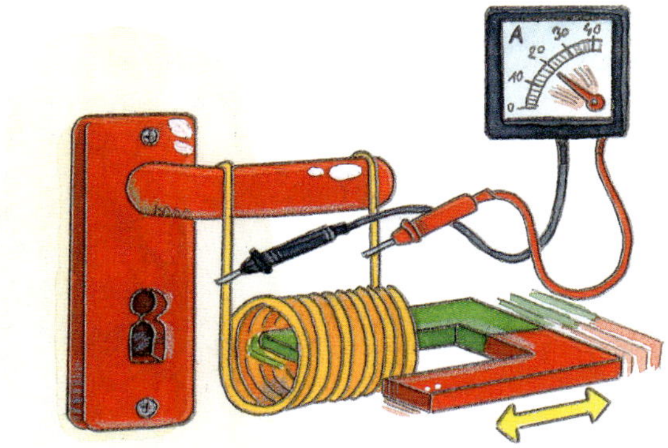

Wenn sich der Magnet innerhalb der Spule bewegt, beginnen die Elektronen, im Draht zu wandern. Die Wanderung von Elektronen bezeichnet man als elektrischen Strom.
Um Strom zu erzeugen, brauchst du also nichts weiter als einen Magneten, den du in einer Spule, also einer Drahtwicklung, bewegst. Ein solches Gerät nennt man auch Generator.

Was passiert im Fahrraddynamo?

Ein Dynamo ist die einfachste Form eines Generators. Er hat im Inneren einen Magneten. Um den Magneten ist ein Draht gewickelt und er ist über einen Metallstift mit einem Rädchen verbunden. Wenn sich das Rädchen dreht, dreht sich auch der Magnet. Dieses Rädchen hat Kontakt mit dem Reifen. Wenn du auf deinem Fahrrad schnell in die Pedale trittst, dann drehen sich auch deine Reifen schnell und damit dreht sich der Magnet im Dynamo schneller. Es entsteht also mehr Strom.
Je mehr Strom du erzeugst, desto heller leuchtet deine Lampe.

Wie wird aus Wasser Strom?

Warst du schon einmal an einem Wasserkraftwerk und hast die riesige Staumauer gesehen? Hier wird die Bewegung von fließendem Wasser dazu eingesetzt, um Magnete zu bewegen. Das Prinzip ist so ähnlich wie beim Dynamo, nur sind hier die Spulen und Magnete viel größer.

In einem Wasserkraftwerk wird das Wasser eines Flusses über die Schaufelräder einer Turbine gelenkt. Diese Turbine ist über eine Stange mit dem Generator verbunden, in dem sich der Magnet in einer Wicklung aus Draht (der Spule) dreht.
Meist baut man eine solche Turbine aber nicht einfach in den Fluss, sondern staut das Wasser mithilfe einer Staumauer zu einem großen See. In der Staumauer sind Rohrleitungen, durch die man das Wasser genau auf die Turbine lenken kann.

1 *Einlauf* **2** *Schieber* **3** *Transformator* **4** *Generator* **5** *Turbine*

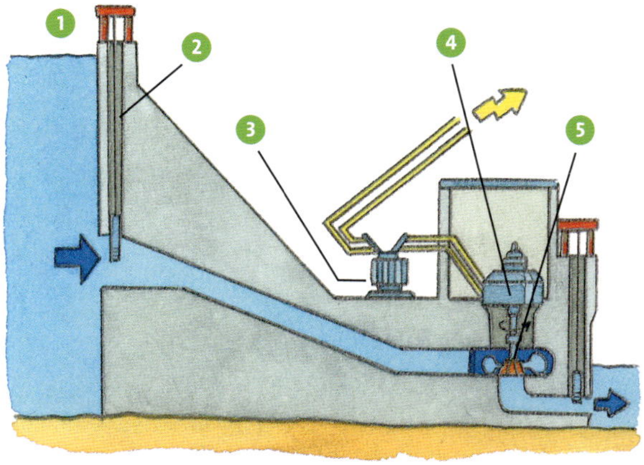

Wie ein Dynamo kann sich auch eine Turbine mal schneller und mal langsamer drehen. Das hängt davon ab, wie viel Wasser durch die Rohrleitungen fließt. Die Wassermenge lässt sich über die Öffnung in der Staumauer steuern: Wenn sie ganz zu ist, fließt kein Wasser zur Turbine. Je weiter man die Staumauer öffnet, umso mehr Wasser fließt hindurch und umso schneller dreht sich die Turbine. Wenn sie sich schnell dreht, wird viel Strom erzeugt. Dreht sie sich langsamer, gewinnt man weniger Strom.

Turbine in einem Generator

Was ist ein Gezeitenkraftwerk?

Auch bei einem Gezeitenkraftwerk wird die Bewegung des Wassers genutzt, um Turbinen zum Drehen zu bringen, damit sie Strom erzeugen.

Kommt die Flut, fließt das Wasser ins Landesinnere, bei Ebbe fließt es wieder heraus. Mithilfe der Gezeiten- oder Tidenkalender kann man genau berechnen, wie viel Wasser zu welcher Zeit in die eine oder andere Richtung fließt. An bestimmten Stellen, z. B. in engen Buchten, haben Ebbe und Flut so viel Kraft, dass sie eine Turbine antreiben können: Man trennt solche Buchten mit einem Staudamm vom Meer ab und leitet das Wasser durch Rohrleitungen, genau wie beim normalen Wasserkraftwerk.

Zum Spielen

Staudamm bauen

An einem kleinen Bach kannst du mit Steinen, Ästen und Zweigen selbst einen Staudamm bauen. Lege dein „Baumaterial" so in den Bach, dass dieser nicht weiterfließen kann. Das Wasser wird sich sammeln. Schaffst du es, einen richtigen Obersee zu stauen? Hält dein Staudamm? Was passiert bei einem Dammbruch? Baue deinen Staudamm wieder ab, bevor du den Bach verlässt! Das ist wichtig, denn sonst kannst du eine Überschwemmung verursachen.

Wie wird aus Wind Strom?

Sind dir schon einmal die vielen Windräder aufgefallen, die es im norddeutschen Flachland, in Holland und vor den Küsten gibt? Sie stehen meist auf großen freien Flächen oder auf kleinen Hügeln, wo es häufig windig ist. Auch in ihnen wird Strom erzeugt.

Versuch

Windkraftwerk

Das brauchst du:

- Holzbrettchen
- Zwei kleine Holzbrettchen mit Loch oben und zwei Winkel zum Anschrauben
- Kleine Nägel, Schrauben und einen Holzbohrer
- Zwei lange Nägel
- Kupferdraht
- Propeller von Modellflugzeugen
- Magnet
- Klebstoff
- Leuchtdiode (LED)

Klebe den Magneten auf den Kopf eines langen Nagels und umwickle den anderen Nagel mit Kupferdraht. Lasse dabei unten ungefähr 2 cm frei. Auf die gegenüberliegende Seite steckst du den Propeller und fixierst ihn mit Klebstoff. Dann baust du alles wie auf der Zeichnung zusammen.

Was passiert, wenn du den Propeller drehst? Durch den Propeller bewegt sich auch der Magnet und dadurch entsteht im Draht Strom. Dieser Strom bringt die LED zum Leuchten.

Windräder

Ein Windpark ist nicht etwa eine Ansammlung von Geräten, die Wind machen. Im Gegenteil! Windparks bestehen aus Windenergieanlagen, also Windrädern. Sie sind dort aufgestellt, wo es oft windig ist. Weht der Wind, bewegt er die Windräder und es wird Energie erzeugt. Durch die Bewegung der Propeller wird wie im Dynamo oder im Wasserkraftwerk ein Magnet in einer Spule gedreht.
Das größte Feld von Windrädern in Europa gibt es in Ostwestfalen in Norddeutschland. Dort stehen 65 Windräder. Auf dem Meer, wo es fast noch mehr Wind gibt, werden „Offshore-Windanlagen“ gebaut. Vor der Küste Dänemarks stehen z. B. 72 Windräder.

Zum Staunen

Kraftwerke, die mit heißem Wind Strom erzeugen

Man kann sogar mit aufsteigender warmer Luft Strom erzeugen. In sehr warmen Ländern gibt es Aufwindkraftwerke. Dafür baut man eine Turbine in einen langen Schacht mit aufsteigender Luft. Die aufsteigende Luft dreht die Turbine – und so wird Strom erzeugt. Das funktioniert allerdings nur, wenn die Luft sehr warm wird und dadurch eine große Geschwindigkeit beim Aufsteigen bekommt. Dazu braucht man eine Art riesiges Treibhaus und einen möglichst hohen Turm. Bisher gibt es nur sehr wenige dieser Kraftwerke, z. B. in Spanien und in Australien.

Auch beim Windrad wird ein Magnet gedreht. Diese Bewegung verursacht der Wind. Allerdings ist die Windenergie nicht sehr zuverlässig: Wenn kein Wind weht, gibt es keinen Strom.

Gibt es noch andere Kraftwerke?

Wasser- und Windkraftwerke gehören zu den sogenannten erneuerbaren Energiequellen. Sie sind genau wie die Sonnenenergie nahezu unerschöpflich. Den meisten Strom erhalten wir jedoch aus Kraftwerken, die etwas verbrennen.

Das Grundprinzip zur Stromerzeugung kennen wir: Man muss einen Magneten in einer Drahtspule in Bewegung setzen. Außer Wasser und Wind kann man auch Dampf dazu verwenden, um die großen Schaufelräder einer Turbine zu drehen, die mit Magneten verbunden sind. Dampf kann man erzeugen, indem man Wasser erhitzt. Dafür verbrennt man zum Beispiel Kohle, Erdöl oder Erdgas.
Die meisten Kraftwerke verbrennen Kohle, doch es gibt auch Ölkraftwerke. Neuere Kraftwerke verbrennen Biomasse, das sind z. B. abgestorbene Pflanzen oder Ausscheidungen (Dung) von Tieren, oder aus Pflanzen hergestellter flüssiger Treibstoff. Jedes Mal, wenn man etwas verbrennt, entsteht Kohlendioxid. Dieses Gas verursacht – neben anderen Faktoren – den Treibhauseffekt. Deshalb ist die Energieerzeugung durch die Verbrennung von Kohle, Öl oder Gas schädlich für die Atmosphäre. Umweltfreundlicher sind Kraftwerke, die Stoffe verwenden, die sich immer wieder neu bilden, z. B. Wind oder Wasser. Diese nennt man regenerative Energiequellen.

Was passiert in einem Kernkraftwerk?

Auch in einem Kernkraftwerk wird Wasser zu Wasserdampf erhitzt und dann auf Turbinen geleitet. Die Hitze wird dabei erzeugt, indem Atome, das sind kleinste Teilchen, gespalten werden. Dabei braucht man relativ wenig Material, um viel Energie zu erzeugen. Doch bei dem Verfahren entsteht eine Art Abfall, der Menschen, Tiere und Pflanzen krank macht. Dieser Abfall, sein Transport und die endgültige Lagerung sind ein großes Problem – und es wird immer wieder darüber diskutiert, diese Kraftwerke komplett abzuschalten.

Zum Staunen

Energie vom Dach

In Solarzellen wird die Sonnenenergie in Elektrizität umgewandelt. Dafür reicht das Licht der Sonne aus, wie es z. B. in Mitteleuropa vorhanden ist. Diese dunklen Flächen, die Sonnenkollektoren, sieht man auf vielen Dächern. Sie bestehen aus Materialien, in denen durch die Lichteinstrahlung der Sonne Elektronen zu wandern beginnen, sodass elektrischer Strom entsteht.

Kann man die Energie der Sonne nutzen?

Versuch

Solarofen

Das brauchst du:

- Schüssel
- Schere
- Selbstklebende Spiegelfolie (oder Aluminiumfolie)
- Apfel
- Handtuchhalter mit Sauger

Dieser Versuch funktioniert am besten an einem warmen, wolkenlosen Sommertag. In die Mitte der Schüssel klebst du den Handtuchhalter. Kleide die Innenseite der Schüssel mit Spiegelfolie aus. Nun stellst du die Schüssel so auf, dass sie genau zur Sonne zeigt. Dann steckst du einen Apfel auf den Handtuchhalter, sodass er sich in der Mitte der Schüssel befindet.
Innerhalb einer halben bis einer Stunde wird der Apfel von der Sonne gegart und du kannst einen leckeren Bratapfel essen.
Was ist passiert?
Die Strahlen der Sonne werden durch die Spiegelfolie aufgefangen und in das Zentrum der Schüssel gelenkt. Dort treffen sie sich und diese Energie wird zum Erhitzen des Apfels genutzt.

In warmen Ländern werden solche Solarkocher oft zum Zubereiten von Mahlzeiten eingesetzt. So braucht man nicht erst elektrische Energie zu erzeugen, die dann den Herd betreibt, sondern kann die Sonnenenergie direkt verwenden.

Glossar

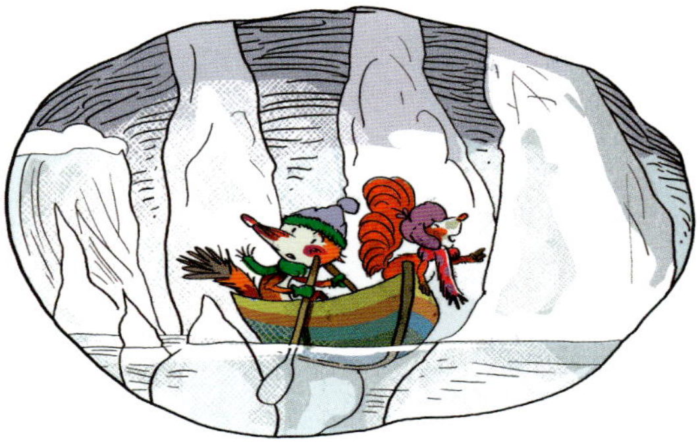

Hier findest du die wichtigsten Begriffe, die im Buch erwähnt werden, erklärt. Die kursiv gedruckten Erklärungen sind für Erwachsene gedacht.

Atom: Atome sind winzige Teilchen, aus denen alle Dinge auf der Erde und im Weltraum bestehen. Sie sind so klein, dass man sie nicht sehen kann. Atome bestehen wiederum aus noch kleineren Teilen, dem Atomkern und der Atomhülle, in der sich die Elektronen befinden.

Atomkraftwerk: In diesen Kraftwerken werden Atome in ihre Bestandteile gespalten. Dabei entsteht sehr viel Energie. Diese Energie kann man in Hitze umwandeln und dazu verwenden, zunächst Dampf und daraus Strom zu erzeugen.

Aufladen: Teilchen können positiv oder negativ geladen sein. Wenn sich in einem Gegenstand mehr geladene Teilchen einer Sorte befinden, nennt man diesen Gegenstand geladen oder aufgeladen.

Blitz: Bei einem Blitz entladen sich Wolken schlagartig, d.h., die geladenen Teilchen, die zu viel sind, verlassen die Wolke.

Dampf: Das ist Wasser im gasförmigen Zustand.

Dynamo: So nennt man den kleinen Generator am Fahrrad, dessen kleines Zahnrad durch die Radbewegung gedreht wird und der so Strom erzeugt.

Ebbe: Wird das Meer vom Mond vom Ufer weggezogen, nennt man es Ebbe. Bei Flut wird es wieder ans Ufer herangedrückt.

Elektronen: Das sind sehr, sehr kleine Teilchen, aus denen zum Teil die Atome bestehen. Sie sind negativ aufgeladen. Strom besteht aus sich bewegenden Elektronen.

Elektromagnet: Ein Magnet, der durch elektrischen Strom ein- und ausgeschaltet werden kann.

Entladen: Wenn ein Gegenstand aufgeladen ist, sich also zusätzliche geladene Teilchen in ihm befinden, dann entlädt er sich, indem er diese geladenen Teilchen an benachbarte Gegenstände weitergibt.

Erdanziehungskraft: Ist die Kraft, mit der die Erde alle Gegenstände in ihrer Nähe zu sich heranzieht. Auch andere Himmelskörper haben eine Anziehungskraft. Die vom Mond ist sechsmal kleiner als die von der Erde.

Fliehkraft: Ist die Kraft, mit der ein drehender Gegenstand nach außen gezogen wird.

Flut: Das Wasser des Meeres bewegt sich zum Ufer hin, weil es vom Mond in die andere Richtung als bei Ebbe gezogen wird.

Gefrieren: So nennt man den Übergang eines Materials vom flüssigen in den festen Zustand, wenn es abkühlt. Aus Wasser wird z.B. Eis.

Generator: Das ist ein Magnet, um den außen herum eine Spule gewickelt ist, und zwar so, dass sich der Magnet innerhalb der Spule bewegen kann. Mit einem Generator kann man Strom erzeugen.

Hochdruckgebiet: In dieser Region ist der Luftdruck höher als in benachbarten Regionen. Dieser Ausdruck wird oft beim Wetterbericht verwendet.

Isolatoren: Diese Materialien nennt man auch Nichtleiter, weil sich die Elektronen in ihnen nicht bewegen können. Deshalb können Isolatoren keinen Strom transportieren.

Kraftwerk: In Kraftwerken wird aus Wind-, Wasser- oder Sonnenenergie Strom erzeugt. Das kann auf unterschiedliche Art geschehen, meist werden Generatoren verwendet.

Kohlendioxid: Das ist ein Gas, welches in der Luft nur ganz wenig vorhanden ist. Beim Atmen verbrauchen wir Menschen Sauerstoff und wandeln ihn in Kohlendioxid um. Die Pflanzen dagegen verwandeln das Kohlendioxid in Sauerstoff. Bei einer Verbrennung wird auch Sauerstoff verbraucht und Kohlendioxid erzeugt. Je mehr Kohlendioxid in der Luft ist, desto wärmer wird die Erde.

Kompass: Das ist ein Gerät mit einer Magnetnadel, die sich im Erdmagnetfeld ausrichtet. Ihre Spitze zeigt immer nach Norden.

Kondensieren: So nennt man den Übergang eines Materials vom gasförmigen in den flüssigen Zustand. Dazu muss das Gas abkühlen. Wasserdampf wird z. B. wieder zu Wasser.

Leiter: Das sind Materialien, in denen sich die Elektronen sehr gut bewegen und deshalb Strom transportieren können.

Luftdruck: So nennt man die Kraft, mit der die Luft der Erde auf alles drückt, was sich auf ihr befindet. Je näher man an der Erdoberfläche ist, desto größer ist der Luftdruck.

Magnet: Das ist ein hartes Material, das Gegenstände aus Eisen an sich zieht.

Magnetpole: Die beiden Enden eines Magneten heißen Pole. Eine Seite nennt man Nordpol, die andere Südpol. Gleichartige Pole zweier Magnete stoßen sich ab, unterschiedliche Pole ziehen sich an.

Partikel: Sehr kleine Teilchen, die man mit bloßem Auge nicht erkennen kann.

Sauerstoff: Das ist ein Gas, welches alle Menschen und Tiere zum Atmen brauchen. Man kann es nicht sehen, fühlen, riechen oder schmecken. In der Luft ist es zu einem Fünftel enthalten.

Schmelzen: So nennt man den Übergang eines Materials vom festen Zustand in den flüssigen, wenn sich das Material erwärmt. Eis wird z. B. zu Wasser.

Spannung: Die Spannung ist der Ladungsunterschied, den die Stromteilchen z. B. von einer Seite einer Batterie zur anderen Seite überwinden.

Stickstoff: Aus diesem Gas besteht die Luft der Erde hauptsächlich, nämlich zu fast vier Fünfteln.

Strom: Das ist die Bewegung von geladenen Teilchen, zum Beispiel Elektronen.

Stromstärke: Das ist die Menge der Elektronen, die z. B. von einer Seite einer Batterie zur anderen wandert.

Tiefdruckgebiet: Jene Region, in der der Luftdruck geringer ist als in den benachbarten Regionen. Dieser Ausdruck wird oft im Wetterbericht verwendet.

Treibhauseffekt: Bei Treibhäusern wird die Wärme, die zum Beispiel durch die Strahlen der Sonne entsteht, festgehalten, z. B. durch Glas- oder Kunststofffenster und -dächer. Ähnliches passiert bei der Erde: Durch die Veränderung der Zusammensetzung der Luft auf der Erde, zum Beispiel durch mehr Kohlendioxid, kann die Wärme nicht in den Weltraum entweichen und die Erde heizt sich langsam immer mehr auf.

Verdampfen: So nennt man den Übergang eines Materials vom flüssigen in den gasförmigen Zustand. Dazu muss man es erwärmen. Aus Wasser wird dann z. B. Wasserdampf.

Wasserkraftwerk: Mit fließendem Wasser werden Turbinenschaufeln gedreht und dadurch wird in Generatoren Strom erzeugt.

Wind: Das ist die Luftbewegung von hohem zu niedrigem Luftdruck. Auf einer Wetterkarte kann man sehen, wo sich Hoch- und Tiefdruckgebiete befinden, und so die Windrichtung erkennen.

Windkraftwerke: Wenn der Wind große Windräder dreht, wird im mit dem Windrad verbundenen Generator Strom erzeugt.

Auflösung von Seite 55

Schaltkreis a)

Die beiden parallel geschalteten Lämpchen leuchten gleich hell. Dreht man eines von ihnen heraus, leuchten die anderen beiden Lampen weiter. Dreht man jedoch die linke Lampe heraus, gehen die anderen beiden auch aus, da der Stromkreis unterbrochen ist.

Schaltkreis b)

Die beiden hintereinandergeschalteten Lampen leuchten halb so hell wie die untere. Dreht man eine der beiden heraus, geht die andere auch aus, die untere leuchtet weiter. Wird diese herausgedreht, leuchten die anderen beiden weiter.

Dr. Heike Schettler, Diplom-Chemikerin, hat im Bereich Physikalische Chemie promoviert und ist Mutter von zwei Kindern. Inspiriert durch die drängenden Fragen ihrer Kinder und aus Begeisterung für die Neugier von Kindern an Naturwissenschaften gründete sie 2002, zusammen mit der Diplom-Kauffrau Sonja Stuchtey, die mehrfach preisgekrönte Bildungsinitiative *Science-Lab*. Dr. Heike Schettler lebt mit ihrer Familie im Raum München.

Uwe Mayer illustriert vorwiegend Kinderbücher und hat für zahlreiche englische Verlage gearbeitet. Für die Arbeit an seinem ersten Bilderbuch wurde er in England für den „Early Years Award" – Best New Illustrator – nominiert. Nach vielen Jahren in London lebt er wieder vorwiegend in Deutschland.

Sebastian Coenen studierte an der Fachhochschule Münster Illustration. Er arbeitet freiberuflich für verschiedene Buch- und Spieleverlage und hat damit sein Hobby zum Beruf gemacht.

Bildquellen
Picture-Alliance: S. 10, 11, 14, 21, 27, 32, 46, 47, 49, 50, 55, 61, 66, 69, 71, 81, 84, 88, 90, 92
Imago: S. 9, 13, 17, 19, 25, 28, 30, 34, 37, 38, 41, 42, 56, 58, 77, 82, 87, 89
istockphoto: S. 74
Heike Schettler: S. 65

MIX
Papier aus verantwortungsvollen Quellen
FSC® C022125

2. Auflage 2011

Illustrationen rund um den Fuchs und das Eichhörnchen: Uwe Mayer
Illustrationen der Versuchsanleitungen und Spiele: Sebastian Coenen
Gestaltung und Satz: Punkt und Komma, Claudia Böhme, Würzburg
Gesamtherstellung: Westermann Druck Zwickau GmbH
ISBN 978-3-401-09724-4

www.arena-verlag.de